# OFICINA de ESCRITORES

HERMÍNIO SARGENTIM

**6**

ENSINO FUNDAMENTAL

2ª edição
São Paulo – 2020

Oficina de escritores
Língua Portuguesa – volume 6
© IBEP, 2020

| | |
|---:|:---|
| **Diretor superintendente** | Jorge Yunes |
| **Diretora editorial** | Célia de Assis |
| **Assessoria pedagógica** | Lunalva Gomes |
| **Edição** | RAF Editoria e Serviços |
| **Revisão** | Adriane Gozzo |
| **Produção editorial** | Elza Mizue Hata Fujihara |
| **Assistente de produção gráfica** | Marcelo de Paula Ribeiro |
| **Estagiária** | Verena Fiesenig |
| **Iconografia** | Victoria Lopes |
| **Ilustração** | Bruno Badaim/Manga Mecânica |
| **Projeto gráfico e capa** | Aline Benitez |
| **Editoração eletrônica** | Nany Produções Gráficas |

---

**CIP-BRASIL. CATALOGAÇÃO NA PUBLICAÇÃO**
**SINDICATO NACIONAL DOS EDITORES DE LIVROS, RJ**

S251o
2. ed.
v. 6

Sargentim, Hermínio Geraldo
 Oficina de escritores, volume 6 / Hermínio Geraldo Sargentim. – 2.ed. – São Paulo: IBEP, 2020.
  : il.

 ISBN 978-65-5696-032-6 (aluno)
 ISBN 978-65-5696-033-3 (mestre)

 1. Língua portuguesa – Composição e exercícios. 2. Língua portuguesa - Estudo e ensino (Ensino fundamental). I. Título.

20-64415                                CDD: 372.4
                                        CDU: 373.3.016:811.134.3

---

Leandra Felix da Cruz Candido - Bibliotecária - CRB-7/6135
17/05/2020    22/05/2020

2ª edição – São Paulo – 2020
Todos os direitos reservados

Rua Gomes de Carvalho, 1306 – 11º andar – Vila Olímpia
São Paulo-SP – 04547-005 – Brasil – Tel.: (11) 2799-7799
www.ibep-nacional.com.br

Impressão - Gráfica Mercurio S.A. - Agosto 2024

# APRESENTAÇÃO

Futuro escritor,

Para aprender a escrever é necessário, antes de mais nada, escrever. É na prática constante da escrita que, gradativamente, são incorporadas as habilidades fundamentais do processo redacional.

Neste livro, você será conduzido a produzir diferentes gêneros textuais, todos reunidos em projetos. Para escrevê-los, vai ser preciso vivenciar algumas etapas de criação de um texto:

A escrita permite-lhe refletir e organizar os dados da realidade. Ao mesmo tempo, possibilita-lhe viver de maneira intensa o seu pensar e o seu sentir.

Mediante o domínio da escrita, você certamente terá condições de conhecer e desenvolver, com maior consciência, as características básicas do ser humano – um ser inteligente, criativo e sensível.

O autor

# ORGANIZAÇÃO DO LIVRO

## PROJETOS

Todos os livros da **Oficina de escritores** estão divididos em projetos. Em cada projeto, você vai criar diferentes tipos de textos que formarão os seus livros ou o seu jornal.

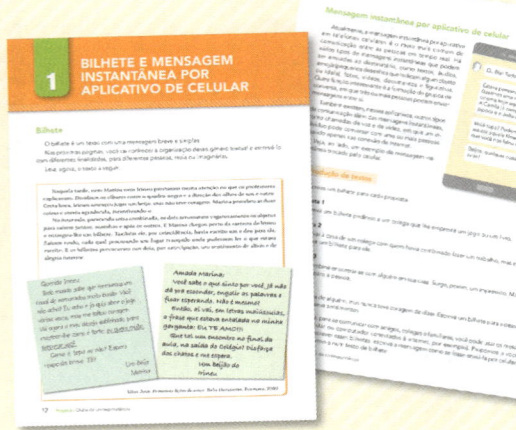

## PROPOSTA DE PRODUÇÃO DE TEXTOS

**Introdução:** um resumo e um convite para a leitura dos textos selecionados.

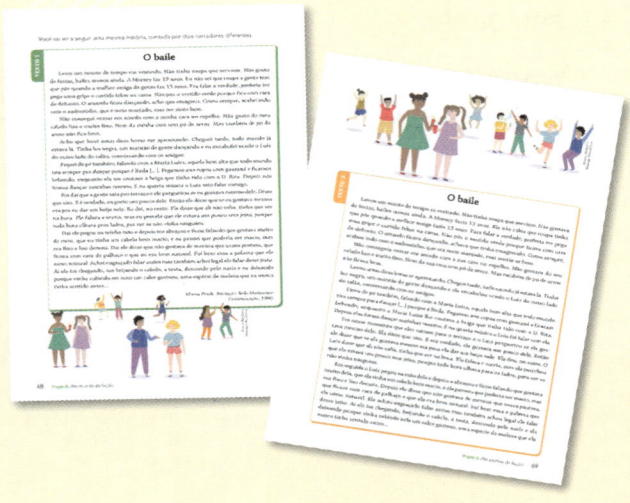

**Leitura:** apresenta-se uma variedade de textos selecionados de acordo com o projeto. A leitura desses textos busca orientar e, ao mesmo tempo, motivar você a escrever.

**Estudo do texto:** seção do livro que objetiva ajudar você a descobrir a maneira como os textos foram escritos, além de analisar os recursos da língua usados pelos autores no processo de criação textual.

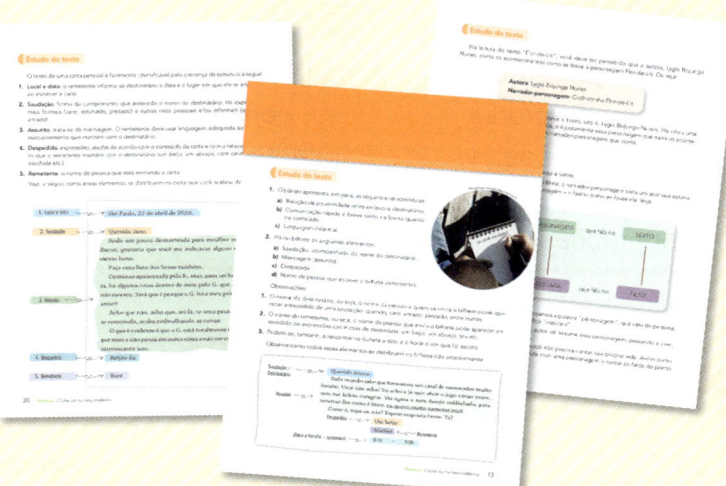

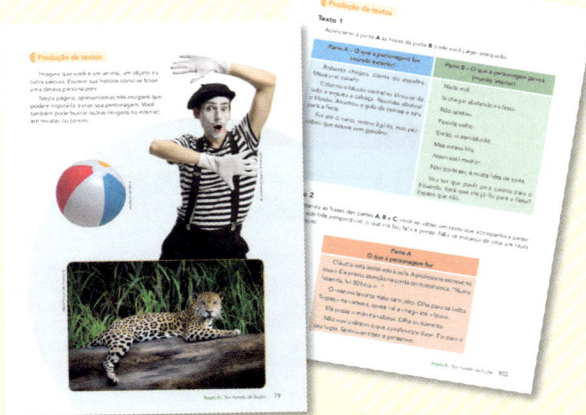

**Produção de textos:** nesta seção, você é convidado a escrever o seu próprio texto, com base na análise da organização do texto lido. A escrita envolve cinco etapas: preparação, escrita, revisão, reescrita e edição final. Essas etapas serão registradas em fichas.

## GUIA DE REVISÃO DE TEXTOS

Esta é a última etapa do seu livro. Nela você pode encontrar uma explicação sobre os itens do **Roteiro de revisão** dos textos propostos na coleção.

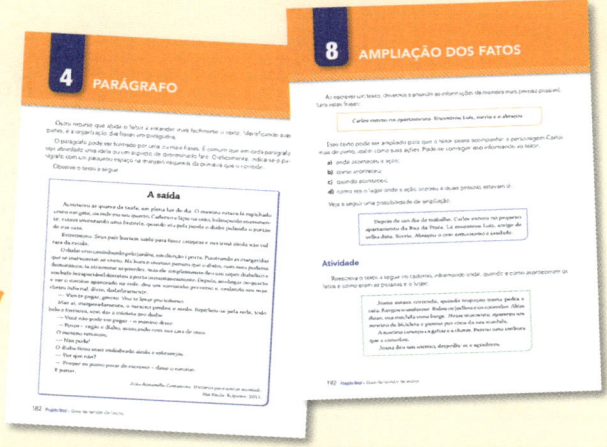

## FICHAS DE PRODUÇÃO DE TEXTOS

**Planejamento:** nesta primeira etapa de produção, você vai pensar no texto a ser escrito. Enquanto isso, poderá desenhar e fazer anotações.

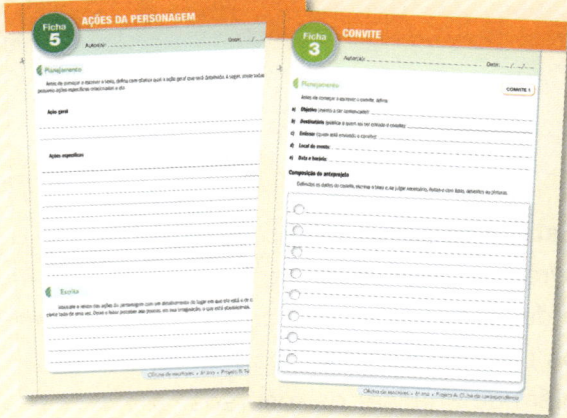

**Escrita:** esta é a etapa em que você vai começar a escrever, livremente, o seu texto. É essencial escrever à vontade, porque estará fazendo apenas um rascunho.

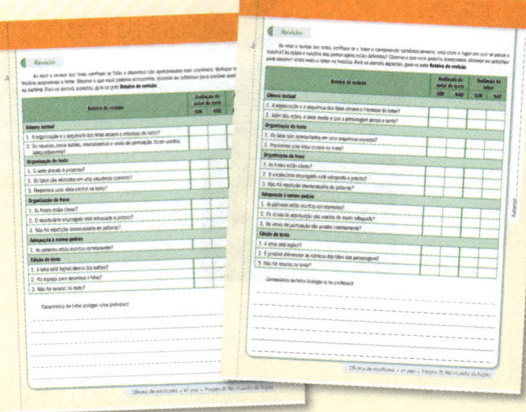

**Revisão:** esta etapa é muito importante. Você vai ler o texto que escreveu e, com o auxílio de um **Roteiro de revisão**, fará as correções que julgar necessárias.

**Reescrita do texto e Edição final:** após a revisão do seu texto, você vai reescrevê-lo para que um leitor (professor e/ou colega) o avalie. Com a orientação de seu professor, você fará a edição final e publicação do texto, que vai compor o projeto proposto.

# SUMÁRIO

## PROJETO A

### CLUBE DA CORRESPONDÊNCIA .... 9
Textos de comunicação ........................ 10
Classificação dos textos de comunicação ........................................... 11

**1. Bilhete e mensagem instantânea por aplicativo de celular** ..................... 12
Bilhete ................................................... 12
Estudo do texto .................................... 13
Mensagem instantânea por aplicativo de celular ........................... 14
Produção de textos ............................... 14

**2. Carta pessoal** ...................................... 19
*Carta da Berenice* ................................ 19
Estudo do texto .................................... 20
Produção de textos ............................... 22

**3. Convite** ................................................ 27
Convite 1 ............................................... 27
Convite 2 ............................................... 27
Convite 3 ............................................... 28
Convite 4 ............................................... 28
Estudo do texto .................................... 29
Produção de textos ............................... 29

**4. E-mail** .................................................. 35
Namoro por e-mail ............................... 35
Estudo do texto .................................... 36
Produção de textos ............................... 38

**5. Carta do leitor** ................................... 41
*Raios, trovões e outros* ........................ 41
Estudo do texto .................................... 42
Produção de textos ............................... 42

**6. Carta de reclamação** ........................ 47
*Cobrança indevida de ingresso para idoso* ............................................. 47
Estudo do texto .................................... 47
Produção de textos ............................... 48

## PROJETO B

### NO MUNDO DA FICÇÃO ............... 53

**1. Narrativa ficcional** ............................. 54
Estudo do texto .................................... 56
Produção de textos ............................... 56

**2. Reconto de narrativa** ........................ 61
*O lobo e o cordeiro* (história original) .... 61
*O lobo e o cordeiro* (história recontada) ............................................ 61
Estudo do texto .................................... 62
Produção de textos ............................... 62

**3. Narrador** ............................................. 67
*O baile* (em 1ª pessoa) ........................ 68
*O baile* (em 3ª pessoa) ........................ 69
Estudo do texto .................................... 70
Produção de textos ............................... 70
*O meu segredo* ................................... 71

**4. Personagem** ...................................... 77
*A história de Flor-de-lis* ....................... 77
Estudo do texto .................................... 78
Produção de textos ............................... 79

**5. Ações da personagem** ..................... 85
*Chegou a hora!* ................................... 85
Estudo do texto .................................... 86
Produção de textos ............................... 86

**6. Falas da personagem** ...................... 91
*Encontro* ............................................. 92
Estudo do texto .................................... 93
Produção de textos ............................... 94

**7. Pensamentos da personagem** ........ 99
*O buquê* .............................................. 99
Estudo do texto .................................... 102
Produção de textos ............................... 103

**8. Sequência dos fatos** ........................ 109
*O sonho mais sonhado* ...................... 109

| | |
|---|---|
| Estudo do texto .................................. 110 | Estudo do texto .................................. 152 |
| Produção de textos............................. 110 | Produção de textos............................. 152 |

**9. Conto popular** ............................. **115**
  *Pedro Malasartes e a sopa de pedras*.................................................. 115
  Estudo do texto .................................. 119
  Produção de textos............................. 120

**10. Texto teatral** ............................. **125**
  *Zé Betovi e Nhô Mozarte*.................... 125
  Estudo do texto .................................. 128
  Produção de textos............................. 128

**11. História em quadrinhos** ............ **133**
  *Questão de (ponto de) vista* .............. 133
  Estudo do texto .................................. 135
  Produção de textos............................. 136

**3. Rima** ............................................ **157**
  *A rua das rimas* ................................. 157
  Estudo do texto .................................. 158
  Produção de textos............................. 158

**4. Poema narrativo** ......................... **163**
  *Ou isto ou aquilo?* ............................. 163
  Estudo do texto .................................. 164
  Produção de textos............................. 164

**5. Acróstico** .................................... **169**
  *História do cachorro dos morros (estrofe final)* .................................. 169
  *Acróstico da mamãe* ......................... 169
  *Acróstico de Teodoro* ........................ 169
  Estudo do texto .................................. 170
  Produção de textos............................. 170

## PROJETO C

## ATELIÊ DA POESIA ................. 141

**1. Linguagem do gênero poema** .......... **142**
  *Classificados poéticos*........................ 143
  *Luana adolescente Lua crescente*....... 144
  Estudo do texto .................................. 145
  Produção de textos............................. 145

**2. Estrutura do gênero poema** ............ **151**
  *As tias* ............................................... 151

## GUIA DE REVISÃO DE TEXTOS

1. Edição do texto ............................... 176
2. Letra legível..................................... 178
3. Ortografia........................................ 180
4. Parágrafo........................................ 182
5. Eliminação de palavras ................... 185
6. Frases curtas.................................. 187
7. Construção de frases...................... 189
8. Ampliação dos fatos....................... 192

Bruno Badain/Manga Mecânica

# CLUBE DA CORRESPONDÊNCIA

### Objetivo

Neste projeto, você vai manter uma correspondência com os colegas de turma, de escola, amigos, familiares e pessoas de outros lugares, sob a orientação do professor.

### Estratégias

Para isso, você vai conhecer e produzir diferentes gêneros de comunicação escrita.

### Encerramento

Com o auxílio do professor, ao final do projeto, você e os colegas poderão encontrar algumas pessoas com as quais se corresponderam e a quem conheceram apenas por meio de cartas ou *e-mail*.

fizkes/Shutterstock

1. Bilhete e mensagem instantânea por aplicativo de celular
2. Carta pessoal
3. Convite
4. *E-mail*
5. Carta do leitor
6. Carta de reclamação

# Textos de comunicação

O objetivo de um texto é sempre transmitir uma mensagem ao leitor, estabelecendo uma comunicação com ele, e essa comunicação depende de uma série de fatores.

Vamos supor que você queira se comunicar com alguém. Algumas possibilidades de fazê-lo são:

1. Você e seu colega estão na sala de aula. Você quer trocar ideias com ele sobre um assunto, mas não pode conversar, muito menos usar o celular para enviar-lhe uma mensagem. Isso, além de ser proibido, pode atrapalhar os demais colegas e a aula. O bilhete é um tipo de texto adequado para essa situação.

2. Você está de férias e foi viajar. Ao conhecer uma cidade, lembrou-se de um amigo e gostaria de escrever para ele. Você pode enviar-lhe uma mensagem instantânea por aplicativo de celular, contando sobre o lugar e mandando algumas fotos. Também pode enviar um cartão virtual ou um *e-mail* e, com o texto, anexar uma ou mais fotos do lugar. Para fazer uso dessas opções, entretanto, é necessário que você e seu amigo tenham acesso à internet.

Caso nem você nem seu amigo tenham acesso à internet, você pode enviar uma carta tradicional a ele e, com o texto, uma ou mais fotos.

# Classificações dos textos de comunicação

De acordo com o modo de endereçamento, os textos de comunicação têm as seguintes classificações:

1. **Endereçamento pessoal** (em mãos)

    a) Bilhete: nesse caso, o texto é entregue ao destinatário pelo próprio emissor ou por intermédio de outra pessoa.

2. **Endereçamento postal** (pelo correio)

    a) Carta pessoal
    b) Cartão
    c) Convite
    d) Telegrama

    Nesse caso, o texto é enviado ao destinatário por meio dos Correios, empresa encarregada de receber e enviar correspondências.

    Observação: a carta, o cartão, o convite e o bilhete também podem ser entregues pessoalmente. Nesse caso, deve-se acrescentar no envelope e, acima do nome e do endereço do destinatário, a expressão "Em mãos" ou a abreviação "E.M.".

3. **Endereçamento eletrônico** (pela internet)

    a) Mensagem instantânea por aplicativo de celular
    b) *E-mail*
    c) Cartão virtual
    d) Convite virtual
    e) Postagem em redes sociais

    Nesse caso, em vez dos serviços tradicionais dos Correios, utiliza-se celular, computador, *tablet* ou *notebook* conectados à internet para enviar e receber mensagens.

4. **Endereçamento público** (publicação)

    a) Aviso
    b) Comunicado

    Esses textos contêm comunicações que podem interessar a um grupo de destinatários. Por esse motivo, podem tornar-se públicos por meio de publicação em jornais ou revistas, afixação em cartazes ou em jornais-murais, ou até eletronicamente.

# 1 BILHETE E MENSAGEM INSTANTÂNEA POR APLICATIVO DE CELULAR

## Bilhete

O bilhete é um texto com uma mensagem breve e simples.

Nas próximas páginas, você vai conhecer a organização desse gênero textual e escrevê-lo com diferentes finalidades, para diferentes pessoas, reais ou imaginárias.

Leia, agora, o texto a seguir.

Naquela tarde, nem Marina nem Irineu prestaram muita atenção no que os professores explicavam. Dividiam os olhares entre o quadro-negro e a direção dos olhos de um e outro. Certa hora, Irineu ameaçou jogar um beijo, mas não teve coragem. Marina percebeu as duas coisas e sorriu agradecida, incentivando-o.

No intervalo, parecendo coisa combinada, os dois arrumaram vagarosamente os objetos para saírem juntos, sozinhos e após os outros. E Marina chegou perto da carteira de Irineu e entregou-lhe um bilhete. Também ele, por coincidência, havia escrito um e deu para ela. Saíram rindo, cada qual procurando um lugar tranquilo onde pudessem ler o que estava escrito. E os bilhetes provocavam nos dois, por antecipação, um sentimento de alívio e de alegria interior.

Querido Irineu:
Todo mundo sabe que formamos um casal de namorados muito bonito. Você não acha? Eu acho e já quis abrir o jogo várias vezes, mas me faltou coragem. Vai agora o meu desejo sublinhado, para mostrar-lhe como é forte: eu quero muito namorar você.
Como é, topa ou não? Espero resposta breve. Tá?
Um beijo
Marina

Amada Marina:
Você sabe o que sinto por você. Já não dá pra esconder, engolir as palavras e ficar esperando. Não é mesmo?
Então, aí vai, em letras maiúsculas, a frase que estava entalada na minha garganta: EU TE AMO!!!
Que tal um encontro no final da aula, na saída do Colégio? Disfarça dos chatos e me espera.
Um beijão do
Irineu

Elias José. *Primeiras lições de amor*. Belo Horizonte: Formato, 2009.

## Estudo do texto

1. O bilhete apresenta, em geral, as seguintes características:
   a) Relação de proximidade entre emissor e destinatário.
   b) Comunicação rápida e breve tanto na forma quanto no conteúdo.
   c) Linguagem informal.

2. Há no bilhete os seguintes elementos:
   a) Saudação, acompanhada do nome do destinatário.
   b) Mensagem (assunto).
   c) Despedida.
   d) Nome da pessoa que escreve o bilhete (remetente).

Observações:

1. O nome do destinatário, ou seja, o nome da pessoa a quem se envia o bilhete pode aparecer antecedido de uma saudação: *querido*, *caro*, *amado*, *prezado*, entre outras.
2. O nome do remetente, ou seja, o nome da pessoa que envia o bilhete pode aparecer antecedido de expressões carinhosas de despedida: *um beijo*, *um abraço*, *teu* etc.
3. Podem-se, também, acrescentar no bilhete a data e o horário em que foi escrito.

Observe como todos esses elementos se distribuem no bilhete lido anteriormente.

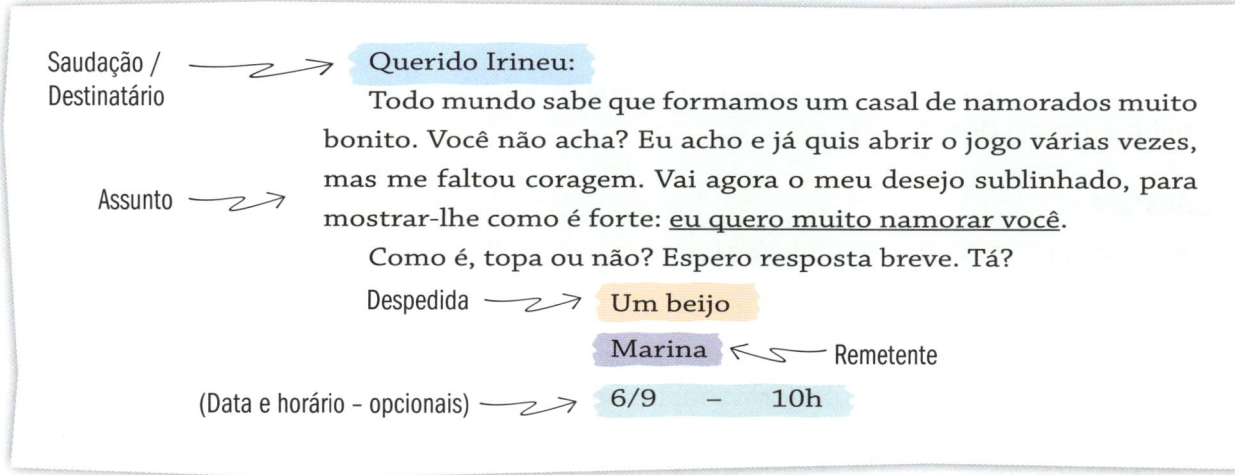

Projeto A • Clube da correspondência   13

## Mensagem instantânea por aplicativo de celular

Atualmente, a mensagem instantânea por aplicativo em telefones celulares é o meio mais comum de comunicação entre as pessoas em tempo real. Há vários tipos de mensagens instantâneas que podem ser enviadas ao destinatário, como textos, áudios, *emojis* (pequenos desenhos que indicam algum objeto ou ideia), fotos, vídeos, documentos e figurinhas. Outra função interessante é a formação de grupos de conversa, em que três ou mais pessoas podem enviar mensagens entre si.

Também existem, nesses aplicativos, outros tipos de comunicação além das mensagens instantâneas, como chamadas de voz e de vídeo, em que um indivíduo pode conversar com uma ou mais pessoas usando apenas sua conexão de internet.

Veja, ao lado, um exemplo de mensagem instantânea trocada pelo celular.

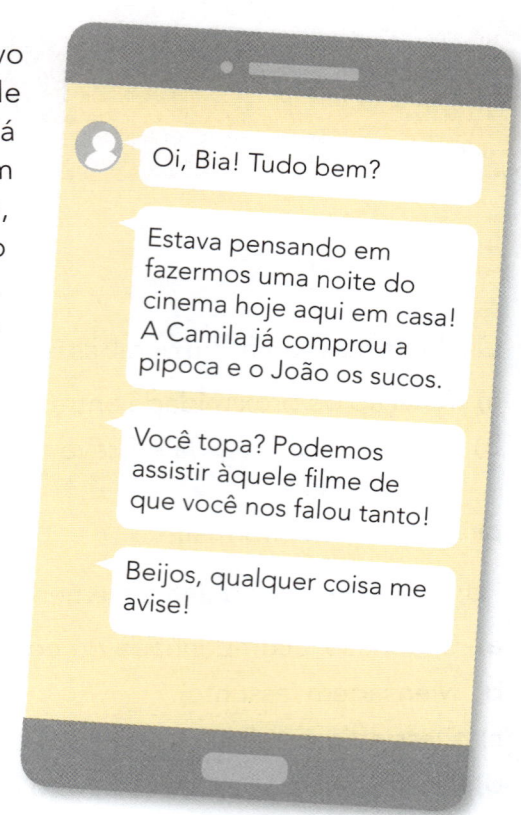

### Produção de textos

Escreva um bilhete para cada proposta.

**Proposta 1**

Escreva um bilhete pedindo a um colega que lhe empreste um jogo ou um livro.

**Proposta 2**

Você vai à casa de um colega com quem havia combinado fazer um trabalho, mas ele não está. Deixe um bilhete para ele.

**Proposta 3**

Você combina encontrar-se com alguém em sua casa. Surge, porém, um imprevisto. Mande um bilhete para a pessoa.

**Proposta 4**

Você gosta de alguém, mas nunca teve coragem de dizer. Escreva um bilhete para a pessoa expressando seus sentimentos.

No dia a dia, para se comunicar com amigos, colegas e familiares, você pode usar os meios eletrônicos (celular ou computador conectados à internet, por exemplo). Propomos a você que, antes de escrever esses bilhetes, escreva a mensagem como se fosse enviá-la por celular. A seguir, transforme-a num texto de bilhete.

# Ficha 1: BILHETE E MENSAGEM INSTANTÂNEA POR APLICATIVO DE CELULAR

Autor(a): _____ Data: ___/___/___

## Proposta 1

**Mensagem instantânea por aplicativo de celular**

**Bilhete**

### Revisão

Antes de enviar o bilhete ao destinatário, releia-o e revise-o cuidadosamente com base nas orientações apresentadas na última página desta ficha.

Oficina de escritores • 6º ano • Projeto A: Clube da correspondência

# Proposta 2

**Mensagem instantânea por aplicativo de celular**

**Bilhete**

 Revisão

Antes de enviar o bilhete ao destinatário, faça uma releitura e uma revisão cuidadosa, com base nas orientações presentes na última página desta ficha.

# Proposta 3

**Mensagem instantânea por aplicativo de celular**

**Bilhete**

_____
_____
_____
_____
_____
_____
_____
_____
_____
_____

### Revisão

Antes de enviar o bilhete ao destinatário, releia-o e revise-o cuidadosamente com base nas orientações apresentadas na última página desta ficha.

# Proposta 4

**Mensagem instantânea por aplicativo de celular**

**Bilhete**

### Revisão do bilhete

1. Antes de enviar o bilhete, verifique se você escreveu:
   a) o nome do destinatário;   b) o nome do remetente;   c) a data.
2. Releia o bilhete como se você fosse o destinatário. Verifique se:
   a) o texto está claro;
   b) a linguagem está de acordo com o destinatário;
   c) as frases estão bem construídas.
3. Quanto à correção gramatical, observe:
   a) a ortografia;   b) a acentuação;   c) a pontuação.

# 2 CARTA PESSOAL

A carta pessoal é um gênero discursivo utilizado para a comunicação escrita entre as pessoas.

Nas próximas páginas, você vai conhecer os principais elementos presentes nesse gênero, escrever cartas em diferentes situações para pessoas reais ou imaginárias e preencher corretamente o envelope com os dados do remetente e do destinatário.

Leia o texto a seguir.

## Carta da Berenice

São Paulo, 22 de abril de 2020.

Querida Jane,

Ando um pouco desnorteada para escolher meus discos, gostaria que você me indicasse alguns realmente bons.

Faça uma lista dos livros também.

Continuo apaixonada pelo B., mas, para ser honesta, há alguma coisa dentro de mim pelo G. que ainda não morreu. Será que é porque o G. foi o meu primeiro amor?

Acho que não, acho que, sei lá, se uma pessoa fica se remoendo, acaba embrulhando as coisas.

O que é evidente é que o G. está totalmente maluco por mim e não pensa em outra coisa a não ser em mim, interessante isso.

Beijão da

Berê

João Carlos Marinho Silva. *O caneco de prata*. São Paulo: Global, 2008. (Adaptado.)

## Estudo do texto

O texto de uma carta pessoal é facilmente identificável pela presença da estrutura a seguir:

1. **Local e data**: o remetente informa ao destinatário a data e o lugar em que ele se encontra ao escrever a carta.
2. **Saudação**: forma de cumprimento que antecede o nome do destinatário. Há expressões mais formais (*caro, estimado, prezado*) e outras mais pessoais e/ou informais (*querido, amado*).
3. **Assunto**: trata-se da mensagem. O remetente deve usar linguagem adequada ao tipo de relacionamento que mantém com o destinatário.
4. **Despedida**: expressões usadas de acordo com o conteúdo da carta e com o relacionamento que o remetente mantém com o destinatário (*um beijo, um abraço, com carinho, com saudade* etc.).
5. **Remetente**: o nome da pessoa que está enviando a carta.

Veja, a seguir, como esses elementos se distribuem na carta que você acabou de ler:

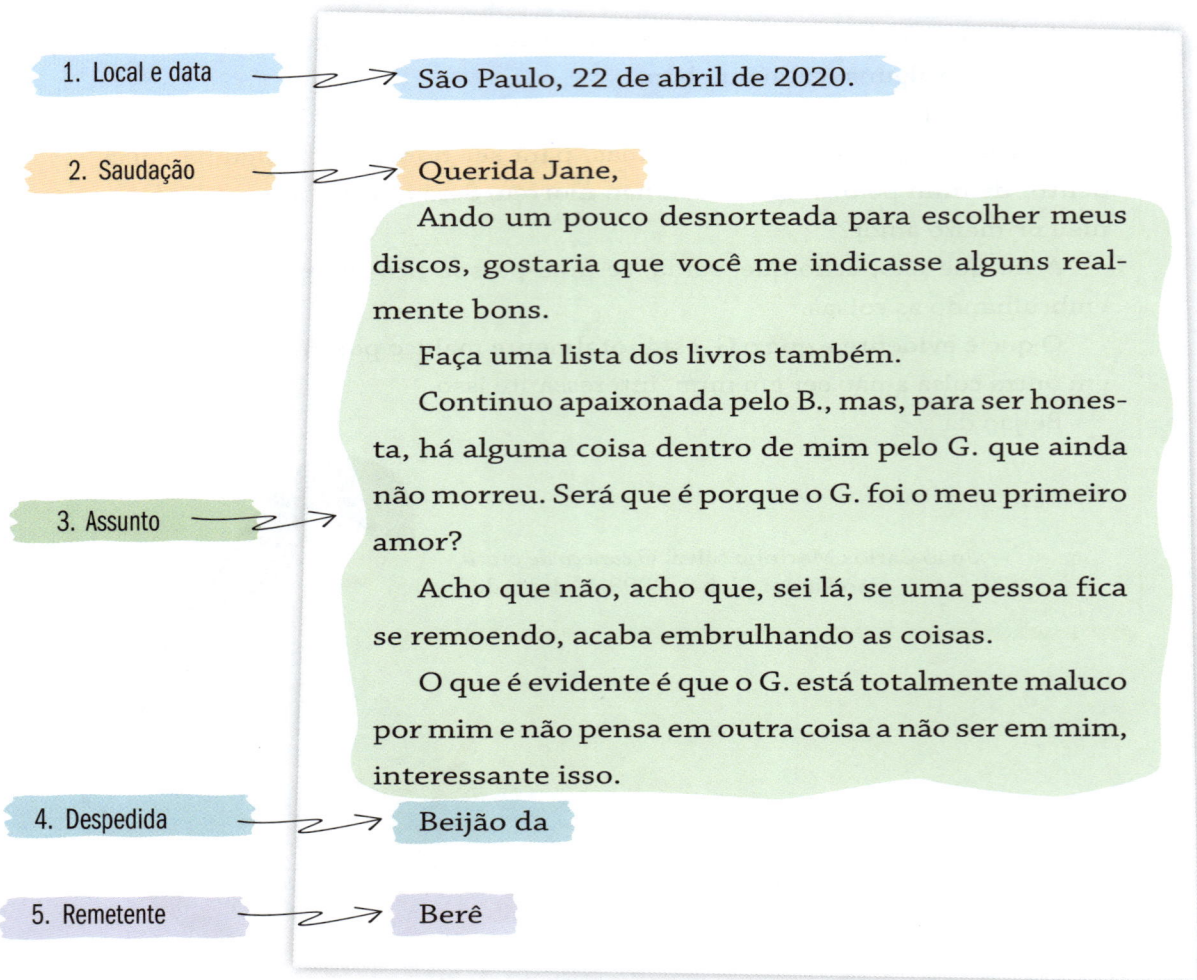

## Como prencher o endereçamento

A carta enviada pelos Correios deve ser colocada num envelope selado. Além disso, devem ser corretamente preenchidos tanto os dados do destinatário, no anverso do envelope, quanto os do remetente, no verso, para que, caso o destinatário não seja localizado, a carta possa ser devolvida à sua origem.

O endereçamento adequado deve apresentar os seguintes elementos:

1. Nome do destinatário.
2. Tipo do logradouro (rua, avenida, praça) + nome do logradouro + número + complemento (apartamento, conjunto, sala etc.), se houver.
3. Nome do bairro.
4. Nome da localidade (cidade) + sigla da unidade da federação (estado).
5. CEP (Código de Endereçamento Postal).

No verso do envelope, devem ser colocados os mesmos elementos acima, porém do remetente.

Observe como esses elementos são distribuídos no envelope.

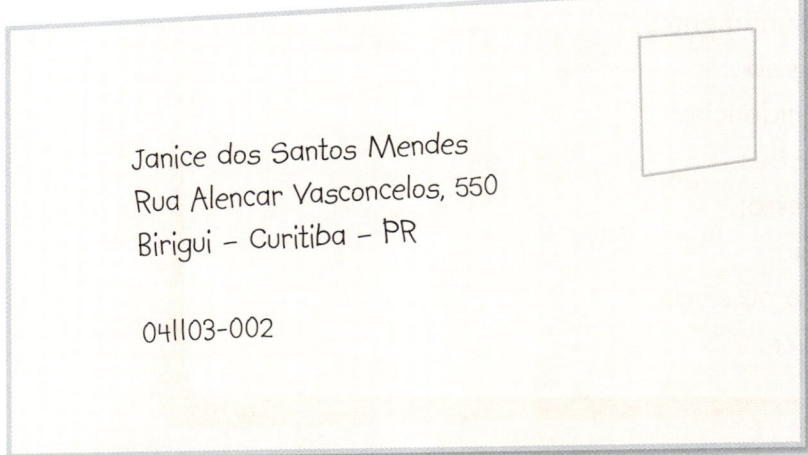

Anverso do envelope.

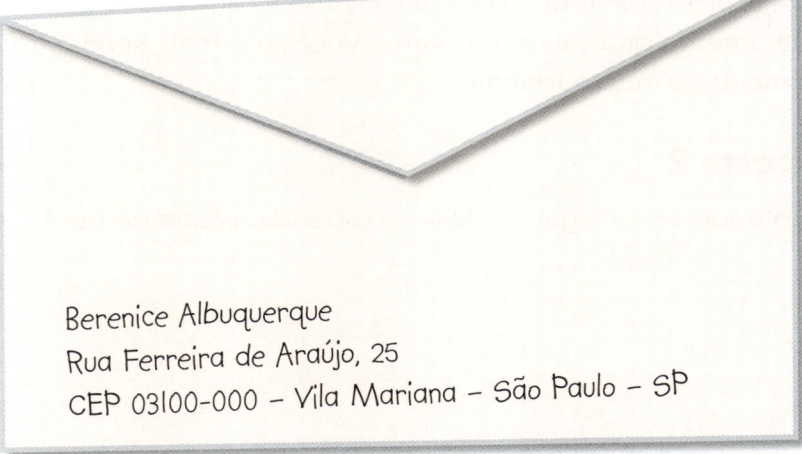

Verso do envelope.

## Produção de textos

Escolha uma das propostas a seguir e escreva uma carta pessoal.

Antes de começar a escrever, você deve definir dois aspectos importantes:

**a)** destinatário: pessoa para quem você vai escrever a carta;
**b)** objetivo: finalidade da sua carta.

## Proposta 1

1. Escolha uma pessoa a quem você gostaria de enviar uma carta. Pode ser um amigo, alguém de quem você gosta muito, uma pessoa a quem admira, que você não conhece ou de quem quer obter alguma informação, como um político, um artista, um escritor etc.

2. De acordo com o destinatário escolhido, defina o objetivo da sua carta. Você pode escrevê-la para:

   a) contar alguma coisa especial que aconteceu na sua vida;
   b) falar de seus sentimentos;
   c) contar um segredo;
   d) fazer uma confidência;
   e) pedir informações;
   f) fazer um protesto;
   g) fazer um elogio;
   h) pedir conselho ou ajuda;
   i) fazer uma crítica.

3. De acordo com o tipo de relacionamento que você mantém com o destinatário, escolha o tratamento que vai usar na carta: *você* (informal), *senhor* (formal), *Vossa Senhoria* ou *Vossa Excelência* (muito formal).

## Proposta 2

Coloque-se no lugar de Jane e responda à carta de Berê.

# Ficha 2 — CARTA PESSOAL

Autor(a): _____ Data: ___/___/___

## Planejamento

Antes de começar a escrever, defina com clareza os seguintes aspectos:

a) **Destinatário**: para quem você vai escrever a carta?
_____

b) **Objetivo**: por que você vai escrever?
_____
_____

c) **Assunto**: sobre o que você vai escrever?
_____
_____

d) **Tratamento**: qual você usará na carta (*você, senhor, Vossa Senhoria* ou *Vossa Excelência*)?
_____

e) **Linguagem**: mais formal ou mais informal?
_____

## Escrita

Escreva a carta. De preferência, redija a lápis, sem usar borracha. Se quiser modificar o que escreveu, risque, não apague. Assim você poderá deixar registrado o que pensou antes.

_____
_____
_____
_____
_____
_____
_____
_____
_____

Oficina de escritores • 6º ano • Projeto A: Clube da correspondência

## Revisão

Ao reler sua carta, procure fazê-lo como se você fosse o destinatário. Verifique se a linguagem está adequada. Analise se está claro o que você quis dizer. A seguir, reescreva a carta.

Na revisão, observe os itens do **Roteiro de revisão** abaixo.

| Roteiro de revisão | Avaliação do autor | | Avaliação do leitor | |
|---|---|---|---|---|
| | SIM | NÃO | SIM | NÃO |
| **Gênero textual** | | | | |
| 1. O texto respeita a estrutura e a linguagem do gênero carta pessoal, apresentando os elementos que a compõem? | | | | |
| **Coerência** | | | | |
| 1. O texto atende à proposta? | | | | |
| 2. As partes do texto têm sequência coerente? | | | | |
| 3. Para o destinatário, fica claro o objetivo da carta? | | | | |
| **Coesão** | | | | |
| 1. As frases estão claras? | | | | |
| 2. O vocabulário empregado está adequado e preciso? | | | | |
| 3. Não há repetição desnecessária de palavras? | | | | |
| **Adequação à norma-padrão** | | | | |
| 1. As palavras estão escritas corretamente? | | | | |
| 2. Os sinais de acentuação são usados de modo adequado? | | | | |
| 3. Os sinais de pontuação são usados adequadamente? | | | | |
| **Edição do texto** | | | | |
| 1. A letra está legível? | | | | |
| 2. As margens estão regulares? | | | | |
| 3. Há espaço para indicar o início dos parágrafos? | | | | |
| 4. Não há rasuras no texto? | | | | |

Comentários do leitor (colegas e/ou professor):

_____
_____
_____
_____

Autor(a): _____

Oficina de escritores • 6º ano • Projeto A: Clube da correspondência

## Reescrita

## Edição final

Para enviar sua carta, escreva no envelope o nome e o endereço do destinatário e do remetente. Vá a uma agência dos Correios, sele a carta e envie-a ao destinatário. Não se esqueça do número do CEP. Se não souber, procure na internet (www.correios.com.br) ou informe-se na própria agência dos Correios.

# 3 CONVITE

O convite é uma forma de comunicação escrita na qual se formaliza uma convocação ou se pede a alguém que compareça a algum lugar. Os convites podem ser entregues pessoalmente, pelo correio ou postados nas redes sociais.

Nas próximas páginas, você vai identificar os principais elementos de um convite e escrever convites com diferentes finalidades, para pessoas reais ou imaginárias. Observe os convites a seguir.

**CONVITE 1**

Você está convidada para a festa do meu níver.
Sábado, depois das cinco da tarde, em minha casa.

Ricardo.
Biloca, sem você a festa não tem graça.

Edson Gabriel Garcia. *Diário de Biloca*. São Paulo: Atual, 2005. (Coleção Entre Linhas.)

**CONVITE 2**

CONVITE

**MOSTRA INTERNACIONAL DE CULTURA E ARTESANATO**

MAIS DE 3 MIL PRODUTOS VINDOS DOS CINCO CONTINENTES

DE 12 A 26 DE OUTUBRO
SHOPPING CENTER NORTE – SÃO PAULO – SP

**CONVITE 3**

Sérgio Ribeiro e Mariza Ribeiro            Rafael Pessoa e Ana Maria Pessoa

Convidam para o casamento de seus filhos

André e Janaína

A cerimônia religiosa ocorrerá no dia 15 de maio, às 20h, na Igreja de São Judas, na Av. Dimas, 3476.
Os convidados serão recepcionados pelos noivos no Clube Figueira.

**CONVITE 4**

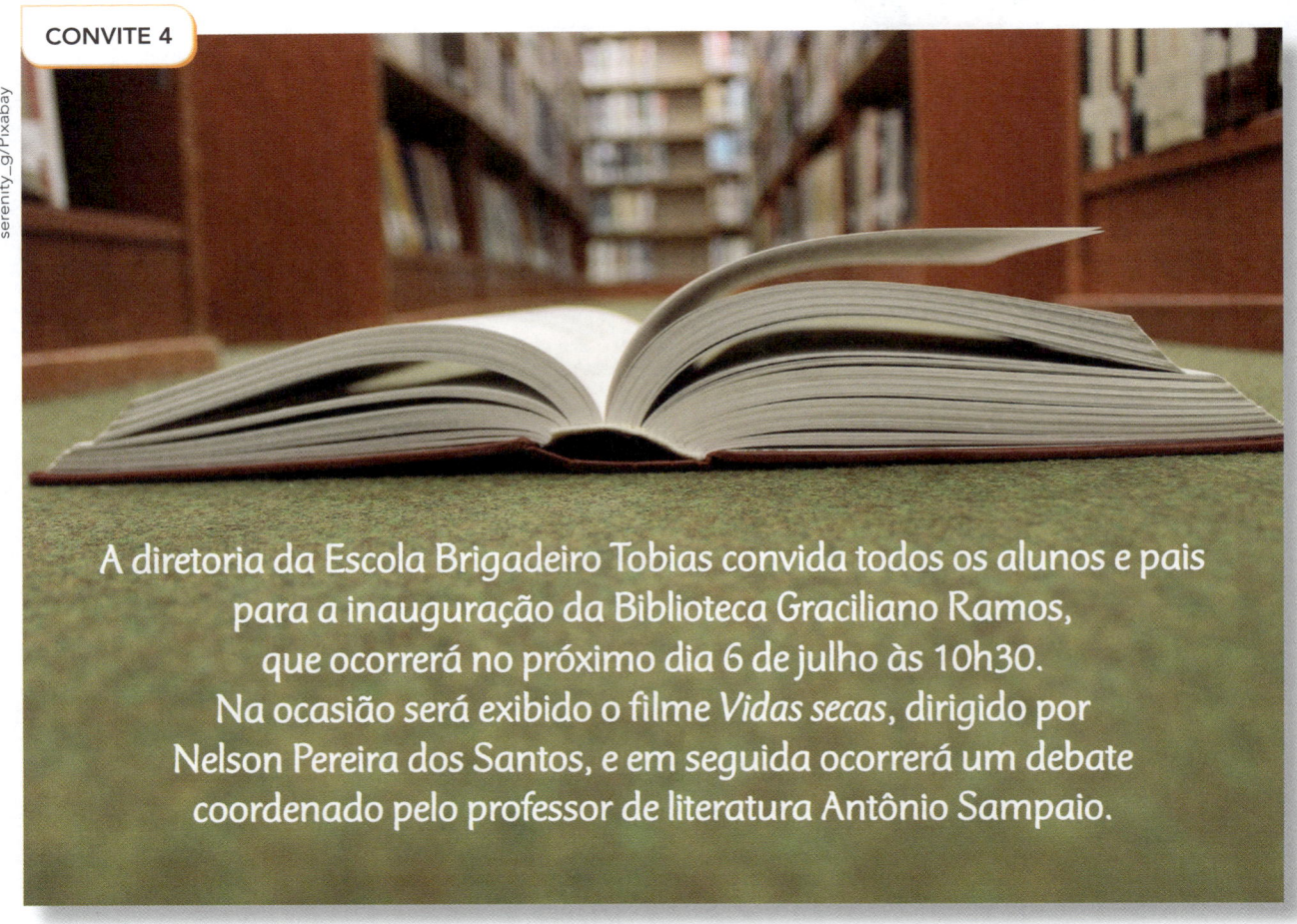

A diretoria da Escola Brigadeiro Tobias convida todos os alunos e pais para a inauguração da Biblioteca Graciliano Ramos, que ocorrerá no próximo dia 6 de julho às 10h30. Na ocasião será exibido o filme *Vidas secas*, dirigido por Nelson Pereira dos Santos, e em seguida ocorrerá um debate coordenado pelo professor de literatura Antônio Sampaio.

## Estudo do texto

1. Nas páginas anteriores, você observou quatro tipos de convite, cada um com um objetivo. Informe o objetivo de cada convite.

   _____
   _____

2. No convite, sempre existe o emissor e o destinatário, que podem ser uma pessoa, um grupo de pessoas específico ou indeterminado. Identifique, em cada convite lido, os emissores e os destinatários.

   _____
   _____

3. Além do dia, mês e ano, alguns convites informam o horário em que acontecerá o evento. Identifique os convites em que há essa informação.

   _____
   _____

4. Veja a forma correta de abreviar horas e minutos.

   - Usa-se o símbolo **h** para indicar a abreviatura de horas. `10h`

   - Para indicar os minutos, é facultativo o uso do símbolo **min**. `10h30min` `10h30`

5. Escreva de forma abreviada:

   a) onze horas e quarenta e cinco minutos _____.

   b) vinte horas e trinta minutos _____.

   c) meio-dia e meia _____.

## Produção de textos

Escolha duas propostas e escreva um convite para cada uma delas.

### Proposta 1
Na próxima semana será o seu aniversário. Convide os amigos para comemorarem essa data com você.

### Proposta 2
Sua turma vai apresentar uma peça de teatro para os pais. Redija o convite.

## Proposta 3

As notícias a seguir informam eventos que vão acontecer. Escolha uma delas. Com base nos dados da notícia, escreva um convite para as pessoas que serão convidadas a participar do evento. Se achar necessário, inclua outros dados.

No próximo dia 18 de fevereiro, começa, nesta cidade, a "Jornada Internacional de Teatro para a Infância e Juventude", com companhias do Brasil e do exterior. Haverá espetáculos diariamente das 17h às 19h.

Na quarta-feira, dia 25 de setembro, começa, no Colégio Alexandre Gusmão, a "Feira de Ciências" preparada pelos alunos do ensino fundamental.

Serão lançados no próximo sábado, dia 14 de outubro, livros de poesia escritos pelos alunos do Colégio Santos Dumont. Além da tarde de autógrafos, haverá exposição de jornais-murais criados pelos alunos durante o ano.

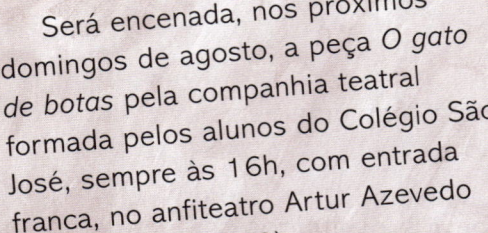

Será encenada, nos próximos domingos de agosto, a peça *O gato de botas* pela companhia teatral formada pelos alunos do Colégio São José, sempre às 16h, com entrada franca, no anfiteatro Artur Azevedo (Rua do Rocio, 422).

# Ficha 3 — CONVITE

Autor(a): _____  Data: ___/___/___

## Planejamento  **CONVITE 1**

Antes de começar a escrever o convite, defina:

a) **Objetivo** (evento a ser comunicado): _____

b) **Destinatário** (público a quem vai ser enviado o convite): _____

c) **Emissor** (quem está enviando o convite): _____

d) **Local do evento**: _____

e) **Data e horário**: _____

## Composição do anteprojeto

Definidos os dados do convite, escreva o texto e, se julgar necessário, ilustre-o com fotos, desenhos ou pinturas.

_____
_____
_____
_____
_____
_____
_____
_____

Oficina de escritores • 6º ano • Projeto A: Clube da correspondência

**Composição do convite**

## Planejamento

CONVITE 2

Antes de começar a escrever o convite, defina:

a) **Objetivo** (evento a ser comunicado): _____

b) **Destinatário** (público a quem vai ser enviado o convite): _____

c) **Emissor** (quem está enviando o convite): _____

d) **Local do evento**: _____

e) **Data e horário**: _____

## Composição do anteprojeto

Definidos os dados do convite, escreva o texto e, se julgar necessário, ilustre-o com fotos, desenhos ou pinturas.

Autor(a): _____

Oficina de escritores • 6º ano • Projeto A: Clube da correspondência

**Composição do convite**

# 4 E-MAIL

O gênero *e-mail* possui características e elementos específicos. Vamos identificar os cuidados que devemos ter ao escrever e enviar um *e-mail*. Para começar, observe os *e-mails* a seguir.

## Namoro por *e-mail*

| DATA | 17/05 |
|---|---|
| DE | renatogomes@brmail.com.br |
| PARA | ritoca@brmail.com.br |
| ASSUNTO | Oi... |

E aí, gata, beleza?

Queria muito falar com você, mas como não ia sair nada ao vivo, nem por telefone, resolvi escrever.

Então, Rita, estou escrevendo pra dizer que estou achando muito legal esse nosso lance, ficar com você, pegar um cinema, tomar sorvete... Mas às vezes acho que você não fica muito à vontade comigo, sei lá. Quando a gente está com o pessoal, tudo bem, mas quando eu vou te buscar em casa, parece que você fica encanada com os seus pais, com a Rebeca. Eu não mordo não, viu? E depois eu fico pensando um monte de besteira. A gente não está estudando na mesma escola, deve estar cheio de cara novo te xavecando no seu colégio... E você é linda, deve chamar a maior atenção... Está vendo por que não queria falar com você cara a cara?

É que eu estou gostando mesmo de você, gata. Queria poder ir buscar você em casa um dia sem neura.

Aí eu só queria saber se você está na mesma situação que eu, o que você acha de tudo isso, sei lá, saca?

Beijão!

Renato.

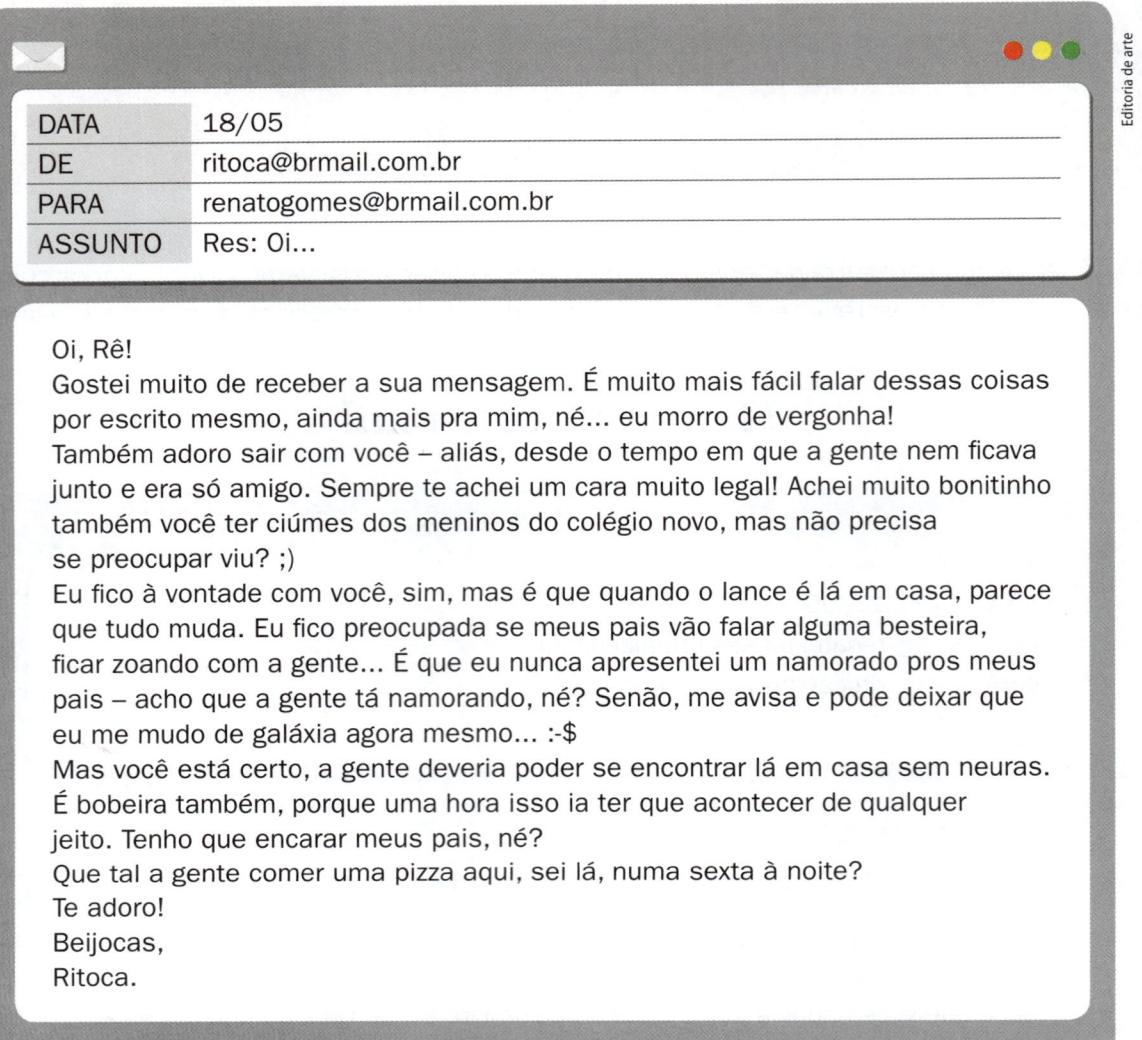

| DATA | 18/05 |
| --- | --- |
| DE | ritoca@brmail.com.br |
| PARA | renatogomes@brmail.com.br |
| ASSUNTO | Res: Oi... |

Oi, Rê!
Gostei muito de receber a sua mensagem. É muito mais fácil falar dessas coisas por escrito mesmo, ainda mais pra mim, né... eu morro de vergonha!
Também adoro sair com você – aliás, desde o tempo em que a gente nem ficava junto e era só amigo. Sempre te achei um cara muito legal! Achei muito bonitinho também você ter ciúmes dos meninos do colégio novo, mas não precisa se preocupar viu? ;)
Eu fico à vontade com você, sim, mas é que quando o lance é lá em casa, parece que tudo muda. Eu fico preocupada se meus pais vão falar alguma besteira, ficar zoando com a gente... É que eu nunca apresentei um namorado pros meus pais – acho que a gente tá namorando, né? Senão, me avisa e pode deixar que eu me mudo de galáxia agora mesmo... :-$
Mas você está certo, a gente deveria poder se encontrar lá em casa sem neuras. É bobeira também, porque uma hora isso ia ter que acontecer de qualquer jeito. Tenho que encarar meus pais, né?
Que tal a gente comer uma pizza aqui, sei lá, numa sexta à noite?
Te adoro!
Beijocas,
Ritoca.

Ana Paula Corradini. *Blog da Ritoca*: relacionamentos e encrencas.
São Paulo: Difusão Cultural do Livro, 2006.

## Estudo do texto

O correio eletrônico, também conhecido como *e-mail* (*electronic mail*), é outra forma de enviar e receber correspondências. A principal diferença é que, em vez dos serviços dos Correios, utiliza-se um computador ou um celular conectados à internet para enviar e receber mensagens.

A internet é uma rede de comunicação que interliga computadores do mundo todo. Qualquer um que tenha um computador (ou celular) a ela conectado pode ter um endereço eletrônico.

A linguagem usada no correio eletrônico pode ser mais formal ou mais informal, dependendo do destinatário, do assunto, da finalidade do *e-mail*. Também podem ser enviados arquivos de texto, documentos, imagem e som com o *e-mail*.

# Endereço eletrônico

O endereço eletrônico é só seu. Ninguém pode ter outro igual. Ele é formado por:

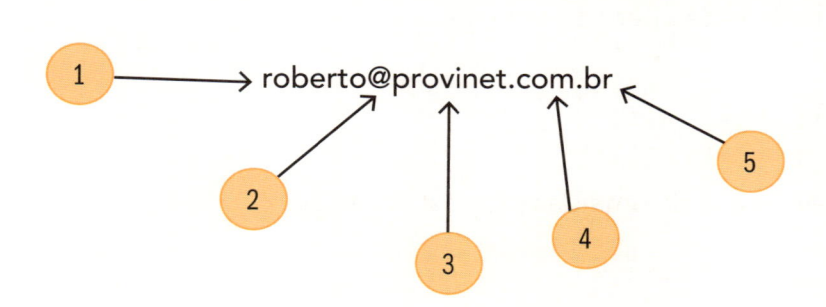

roberto@provinet.com.br

1. Nome que você quer usar em seu endereço.
2. Símbolo denominado "arroba", que significa "at" (inglês) ou "em" (português).
3. Nome da empresa que oferece serviços e conexão à internet, conhecida como "provedor de acesso".
4. Complemento que diferencia usuários comuns ou comerciais (com) de órgãos governamentais (gov), instituições educacionais (edu) e organizações não governamentais (org).
5. Identificação do país de origem do endereço eletrônico (br = Brasil, fr = França etc.).

# Recomendações para uso do *e-mail*

1. O campo "Para:" deve ter como conteúdo apenas o endereço eletrônico completo da pessoa para quem se envia a mensagem.

2. Os campos "CC:" (com cópia) ou "CCO:" (com cópia oculta) devem ter como conteúdo apenas o endereço eletrônico completo de outra pessoa para quem se quer enviar uma cópia da mensagem.

3. Nos *e-mails* trocados entre pessoas da família, amigos ou outras pessoas mais próximas, é comum utilizar linguagem mais informal.

4. As mensagens devem ser escritas de maneira clara, concisa e educada.

5. Para enviar as mensagens mantendo o histórico delas, deve ser utilizado o recurso "Encaminhar".

6. O "Assunto" deve ser claro e explicitar o objetivo da mensagem, para facilitar o entendimento. Quando houver várias respostas sobre um mesmo assunto, o título original do assunto deve ser mantido.

7. No endereçamento, atenção para não cometer erros na escolha de destinatários. Verifique se a mensagem realmente interessa a todos.

## Produção de textos

Escreva um *e-mail* para cada uma das propostas a seguir.

### Proposta 1

Os agradecimentos realizados por escrito constituem uma demonstração de boa educação e costumam agradar tanto ao destinatário quanto ao remetente. Também constituem um excelente meio de aproximação afetiva.

Pense em alguma pessoa a quem você gostaria de agradecer por um convite para um aniversário, um presente, uma sugestão, a solução de um problema, um incentivo... Imagine-se em contato com essa pessoa e escreva um *e-mail* de agradecimento.

### Proposta 2

Não raro, as pessoas pedem desculpas quando cometem um erro ou uma distração, quando chegam atrasadas a um encontro ou quando criam uma situação que afeta negativamente outras pessoas. Pode-se pedir desculpas a qualquer pessoa: um colega, um amigo, um irmão, o pai, a mãe, um professor etc.

Pense em uma situação específica em que você sinta necessidade de pedir desculpas a alguém e imagine-se em contato com essa pessoa. Em seguida, escreva um *e-mail* apresentando seu pedido de desculpas.

## Ficha 4 — E-MAIL

Autor(a): _____  Data: ___/___/___

**E-MAIL 1**

DATA:
DE:
PARA:
ASSUNTO:

Oficina de escritores • 6º ano • Projeto A: Clube da correspondência

**E-MAIL 2**

DATA:
DE:
PARA:
ASSUNTO:

# 5 CARTA DO LEITOR

Em jornais e revistas, é comum encontrar uma seção em que os leitores podem se expressar, apresentando suas avaliações sobre artigos e reportagens lidos. Trata-se da **carta do leitor**, gênero que você conhecerá mais a fundo nesta unidade. Para começar, leia a carta do leitor a seguir.

## Raios, trovões e outros

Olá, pessoal da revista CHC. Somos alunos da Escola Municipal Professor Francisco Meirelles. Nós lemos um artigo, na CHC 240, sobre raios e trovões e achamos muito interessante este assunto. Esclareceu nossas dúvidas de como se proteger dos raios. Gostaríamos que vocês publicassem mais sobre os fenômenos da natureza.

Alunos da Escola Municipal Professor Francisco Meirelles. Taubaté/SP.

Oi, gente! A ideia é ótima! Enquanto pensamos em novas pautas sobre fenômenos da natureza, confiram o que já publicamos na CHC digital!

Ciência Hoje das Crianças. Disponível em: <http://chc.org.br/artigo/fala-aqui-307/>. Acesso em: 20 abr. 2020. (Adaptado)

## Estudo do texto

A carta do leitor geralmente apresenta a seguinte estrutura:

- **Vocativo**: saudação à revista ou ao jornal.
- **Desenvolvimento**: corpo da carta, onde se localiza a opinião do leitor.
- **Assinatura**: o leitor assina seu nome, podendo informar também local e data.

Nas cartas do leitor, o remetente expressa sua opinião, propõe sugestões, faz críticas e elogios. Para isso, deve usar uma linguagem clara e objetiva.

1. As cartas apresentam sempre um remetente e um destinatário. Localize, na carta do leitor lida anteriormente, esses dois componentes.

| | |
|---|---|
| Remetente: aquele que envia a carta | |
| Destinatário: aquele que recebe a carta | |

2. Na carta do leitor lida anteriormente, há:

    ☐ uma crítica negativa.

    ☐ um elogio.

    ☐ uma sugestão.

3. Apresente, a seguir, trechos do texto que comprovem sua resposta à questão anterior.

_____
_____
_____
_____

## Produção de textos

Você vai escrever uma carta do leitor a respeito do artigo "Dúvida animal: por que os pinguins comem peixe? O que mais eles comem?".

# Ficha 5

## CARTA DO LEITOR

Autor(a): _____  Data: ___/___/___

### Planejamento

Leia o artigo a seguir, que servirá de base para sua carta do leitor.

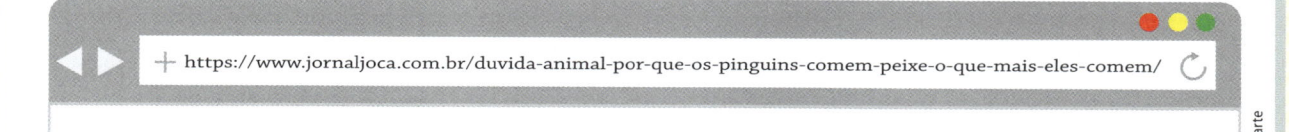

https://www.jornaljoca.com.br/duvida-animal-por-que-os-pinguins-comem-peixe-o-que-mais-eles-comem/

1º DE ABRIL DE 2020

### Dúvida animal: por que os pinguins comem peixe? O que mais eles comem?

**Toda semana, o biólogo Guilherme Domenichelli responde dúvidas enviadas pelos nossos leitores**

GUILHERME DOMENICHELLI

Os pinguins são aves muito diferentes. Eles não sabem voar, mas são excelentes nadadores. São animais carnívoros e se alimentam quase exclusivamente de peixes. Um dos principais benefícios dessa alimentação é que a gordura dos peixes é absorvida pelos pinguins, o que os ajuda a se proteger do frio — apesar de os principais mecanismos desses animais contra o frio serem as penas.

O bico dos pinguins funciona como uma pinça: as aves nadam com velocidade enquanto perseguem os peixes, capturam os animais com o bico forte e engolem sem mastigar. Algumas espécies de pinguins viajam para longe de seus ninhos e praias para encontrar alimento. Algumas espécies também comem pequenas lulas e polvos. Outras gostam de krill, animais bem pequenos parecidos com camarões.

Outra curiosidade bem legal é que eles possuem uma glândula perto dos olhos que elimina o excesso de sal que absorvem com a alimentação ou bebendo água do mar. Na verdade, todas as aves marinhas possuem a chamada "glândula de sal".

Existem cerca de 20 espécies diferentes de pinguins. O pinguim-azul é o menor, com apenas 35 centímetros de altura. Ele vive na Austrália e Nova Zelândia e recebe esse nome por causa das penas, que têm tom azulado. A maior espécie é o pinguim-imperador, que chega a medir até 1,15 metro (mais ou menos a altura de uma criança de 4 anos).

*Jornal Joca*. Disponível em: <https://www.jornaljoca.com.br/duvida-animal-por-que-os-pinguins-comem-peixe-o-que-mais-eles-comem/>. Acesso em: 20 abr. 2020.

## Escrita

Agora você escreverá uma carta do leitor comentando o artigo lido anteriormente. Não se esqueça de incluir no texto os seguintes elementos.

a) Saudação ao jornal.
b) Sua opinião sobre o artigo lido.
c) Sua assinatura, data e local.

Lembre-se de que você pode elogiar o artigo, fazer uma sugestão ou criticá-lo, desde que de forma respeitosa.

_____
_____
_____
_____
_____
_____
_____
_____
_____
_____
_____
_____
_____
_____
_____
_____
_____
_____
_____
_____
_____
_____
_____
_____
_____

## Revisão

Ao reler sua carta, procure fazê-lo como se você fosse o destinatário. Verifique se a linguagem está adequada e objetiva. A seguir, reescreva sua carta do leitor.

Na revisão, observe os itens do **Roteiro de revisão** abaixo.

| Roteiro de revisão | Avaliação do autor | | Avaliação do leitor | |
|---|---|---|---|---|
| | SIM | NÃO | SIM | NÃO |
| **Gênero textual** | | | | |
| 1. O texto respeita a estrutura do gênero carta do leitor? | | | | |
| **Coerência** | | | | |
| 1. O texto atende à proposta? | | | | |
| 2. Para o destinatário, fica claro o objetivo da carta do leitor? | | | | |
| **Coesão** | | | | |
| 1. As frases estão claras? | | | | |
| 2. O vocabulário empregado está adequado e preciso? | | | | |
| 3. Não há repetição desnecessária de palavras? | | | | |
| **Adequação à norma-padrão** | | | | |
| 1. As palavras estão escritas corretamente? | | | | |
| 2. Os sinais de acentuação são usados de modo adequado? | | | | |
| 3. Os sinais de pontuação são usados adequadamente? | | | | |
| **Edição do texto** | | | | |
| 1. A letra está legível? | | | | |
| 2. Não há rasuras no texto? | | | | |

Autor(a): _____

Comentários do leitor (colegas e/ou professor):
_____
_____
_____
_____
_____
_____
_____

Oficina de escritores • 6º ano • Projeto A: Clube da correspondência

## Reescrita

## Edição final

Para enviar a sua carta do leitor a respeito do artigo sobre os pinguins, acesse o *site* do *Jornal Joca* a seguir.
Disponível em: <https://www.jornaljoca.com.br>. Acesso em: 20 abr. 2020.

# 6 CARTA DE RECLAMAÇÃO

A carta de reclamação é um gênero discursivo utilizado quando o remetente apresenta um problema a um destinatário que pode resolvê-lo. Hoje, costuma-se enviar as cartas de reclamação por internet. Veja o exemplo a seguir.

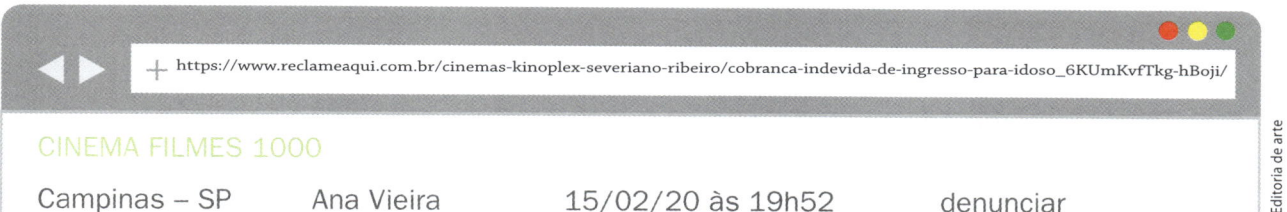

https://www.reclameaqui.com.br/cinemas-kinoplex-severiano-ribeiro/cobranca-indevida-de-ingresso-para-idoso_6KUmKvfTkg-hBoji/

**CINEMA FILMES 1000**

Campinas – SP     Ana Vieira     15/02/20 às 19h52     denunciar

## COBRANÇA INDEVIDA DE INGRESSO PARA IDOSO

Fui ontem ao Cinema Filmes 1000 do Shopping Boa Sorte, para assistir a um filme com meus avós e fui surpreendida com a recusa da gratuidade, que é um direito garantido ao idoso acima de 60 anos, por Lei Municipal. A atendente mentiu, dizendo que a lei mudou, mas eu argumentei que isso não aconteceu, porque fui nesta mesma semana ao cinema com eles em outro shopping. Pedi pra falar com a gerente, que tentou confirmar a mudança da lei, mas quando eu pedi pra ver a lei, ela veio com o Estatuto do Idoso, alegando ser Lei Federal. Tive que esclarecer a ela que, mesmo havendo uma Lei Federal de obrigatoriedade de se dar 50% de desconto, isso não impede Estado e Município de ampliar direitos. A lei Federal só se sobrepõe se for pra ampliar direitos, não pra reduzi-los. Passamos por constrangimento, porque, mesmo com a meia entrada, o filme é muito caro. Não adiantou eu insistir, falar do direito deles, argumentar que saímos do outro lado da cidade para ver o filme. A gerente manteve a orientação dada pelo setor jurídico da empresa. Eu perguntei: "Então, o jurídico da empresa manda você descumprir a legislação, constranger idosos e você obedece?". Voltamos pra casa sem ver o filme. E soube, ao pesquisar na Internet, que eles mentem para muita gente, falando que há nova lei. Penso que a punição prevista deva ser aplicada a essa empresa, que tem zero de respeito ao idoso e às leis.

Disponível em: <https://www.reclameaqui.com.br/cinemas-kinoplex-severiano-ribeiro/cobranca-indevida-de-ingresso-para-idoso_6KUmKvfTkg-hBoji/>. Acesso em: 21 abr. 2020. (Adaptado)

## Estudo do texto

O gênero carta de reclamação apresenta os seguintes componentes.
- Remetente
- Destinatário
- Assinatura
- Data e local
- Corpo da carta

Nessa carta, o remetente tem como objetivo convencer o destinatário a solucionar seu problema. Por isso, é preciso estabelecer uma estratégia para descrever o problema de forma clara e objetiva. Em alguns casos, o remetente até propõe um modo de solução para o destinatário.

1. Preencha a tabela a seguir com elementos da carta de reclamação lida.

| Componentes do gênero | Elementos do texto |
|---|---|
| Remetente | |
| Data e local | |
| Destinatário | |
| Corpo da carta | |
| Assinatura | |

2. Responda:

   a) Qual foi o problema relatado na carta?
   _____

   b) Cite trechos usados pelo remetente para defender seu ponto de vista.
   _____
   _____
   _____

3. O remetente faz alguma sugestão para solucionar o problema?
   _____
   _____

4. Você acha que a reclamação feita é pertinente? Explique.
   _____
   _____

## Produção de textos

Escolha uma das propostas a seguir para inspirar a criação da sua carta de reclamação.

**Proposta 1**: Você e seus amigos do bairro alugaram uma quadra esportiva na empresa Bola de Ouro para realizar um campeonato de futebol. No dia do campeonato, ao chegarem lá, notaram que a quadra já estava alugada para outras pessoas.

**Proposta 2**: Sua escola ia realizar uma festa junina e cada turma ficaria responsável pela organização de uma barraquinha. Sua turma ficou responsável pela barraca de bolos e, então, vocês decidiram encomendá-los da loja Doçura Doce. No dia da festa, porém, ao receber os doces, vocês notaram que o pedido veio errado: em vez de 50 bolos, vocês receberam apenas 30, e não veio nenhum bolo de chocolate, como havia sido solicitado.

## Ficha 6 — CARTA DE RECLAMAÇÃO

Autor(a): _____  Data: ___/___/___

### Planejamento

Antes de escrever a carta de reclamação, defina com clareza os elementos a seguir:
— Destinatário.
_____

— Motivo da reclamação.
_____
_____

— Sugestão de solução para o problema.
_____
_____

### Escrita

Escreva a carta. Lembre-se de incluir seu nome, data e local.
_____
_____
_____
_____
_____
_____
_____
_____
_____
_____
_____
_____
_____
_____

Oficina de escritores • 6º ano • Projeto A: Clube da correspondência

## Revisão

Ao reler sua carta, verifique se é possível compreender o motivo da reclamação e se suas estratégias de defesa são satisfatórias. A seguir, reescreva a carta de reclamação.

Para os demais itens, observe o **Roteiro de revisão** a seguir.

| Roteiro de revisão | Avaliação do autor | | Avaliação do leitor | |
|---|---|---|---|---|
| | SIM | NÃO | SIM | NÃO |
| **Gênero textual** | | | | |
| 1. O texto respeita a estrutura do gênero carta de reclamação? | | | | |
| **Coerência** | | | | |
| 1. O texto atende à proposta? | | | | |
| 2. Para o destinatário, fica claro o objetivo da carta? | | | | |
| **Coesão** | | | | |
| 1. As frases estão claras? | | | | |
| 2. O vocabulário empregado está adequado e preciso? | | | | |
| 3. Não há repetição desnecessária de palavras? | | | | |
| **Adequação à norma-padrão** | | | | |
| 1. As palavras estão escritas corretamente? | | | | |
| 2. Os sinais de acentuação são usados de modo adequado? | | | | |
| 3. Os sinais de pontuação são usados adequadamente? | | | | |
| **Edição do texto** | | | | |
| 1. A letra está legível? | | | | |
| 2. Não há rasuras no texto? | | | | |

Comentários do leitor (colegas e/ou professor):

_____
_____
_____
_____
_____
_____
_____

Autor(a): _____

## Reescrita

## PROJETO B

# NO MUNDO DA FICÇÃO

### Objetivo

Neste projeto, você vai escrever, editar e publicar um livro de histórias.

### Estratégias

Para isso, você vai ler várias histórias e conhecer os elementos presentes em sua organização. Com base nessas características, vai criar histórias que farão parte do seu livro.

### Encerramento

Você e os colegas vão preparar uma noite de autógrafos, na qual os livros escritos e editados por vocês serão apresentados para a comunidade escolar, familiares e amigos.

1. Narrativa ficcional
2. Reconto de narrativa
3. Narrador
4. Personagem
5. Ações da personagem
6. Falas da personagem
7. Pensamentos da personagem
8. Sequência dos fatos
9. Conto popular
10. Texto teatral
11. História em quadrinhos

# 1 NARRATIVA FICCIONAL

Contar e ouvir histórias são, com certeza, uma necessidade e um prazer.

Você gosta de assistir a um filme, a uma novela, a uma peça de teatro, de ouvir uma piada, de ler uma história em quadrinhos, um conto ou um romance? Por quê?

Porque cada um desses textos, com sua linguagem própria, conta sempre uma história.

## A casa da minha avó

Era um sobrado; na parte de baixo, o armazém do meu avô, onde se vendia um pouco de tudo. [...] No andar de cima, onde morava a família, era a casa de minha avó – nunca do meu avô.

[...]

Em cima, dando para a praça, havia uma sala de visitas que só era aberta em ocasiões muito especiais – que nunca aconteciam –, com sofá, cadeiras estofadas e um piano. Mais para dentro uma grande sala de jantar onde todos almoçavam e jantavam à mesma hora – 11h30 e 19h; em cada quarto, três ou quatro camas, e banheiro era um só, para os avós, 12 filhos e os netos que lá passavam grandes temporadas.

[...]

A grande aventura era dormir no chão duro. Os menores imploravam para ter o privilégio de dormir com um lençol em cima dos tacos e um travesseiro. Era essa a grande farra.

[...]

As comidas eram de interior: galinha quase todo dia e, para dar uma corzinha ao refogado, colorau. Os legumes eram de roça: abobrinha, jiló, couve, repolho, chuchu. Às vezes uma tia perguntava: "Você quer um ovo frito?" Esse privilégio só acontecia às vezes e só para os netos que estavam de visita.

As sobremesas eram doce de banana em rodelas e de mamão verde. Esse meu lado da família (da minha mãe) não era muito de comer. Lá pelas 21h tinha um lanche modesto: café com leite, pão e manteiga; aos domingos havia biscoitos, e cada uma das crianças tinha o direito de fazer um do feitio que quisesse, que era sempre o mesmo: uma lagartixa e no lugar dos olhos, dois feijões.

Havia muitas visitas a tias, avós e primas longínquas. Os laços familiares eram cultivados com cuidado, mas o melhor de tudo era quando as tias moravam do outro lado do rio, porque aí a gente atravessava a ponte o que era, sempre, uma emoção. E ainda havia a ponte de ferro por onde passava o trem, que era um perigo. O sonho de todos nós, crianças, era atravessar essa ponte pulando sobre os dormentes, e a minha falta de coragem para desobedecer e atravessar a ponte de ferro é uma frustração até hoje não superada. Outra: nunca ter tomado um banho no rio.

São belas as lembranças de quem passou parte da infância em uma cidade do interior com um rio e uma ponte – duas, aliás.

E melhor ainda é lembrar.

Danuza Leão. A casa da minha avó. *Folha de S.Paulo*, 21 jul. 2002. Caderno C, p. 2.

## Estudo do texto

1. O texto conta uma lembrança da autora. Que lembrança é essa?

2. A narradora participa ou não da história? Copie no caderno um trecho que comprove sua resposta.

3. O que a narradora dá a entender no primeiro parágrafo, quando afirma que a casa era da avó e nunca do avô?

4. Releia a frase:

   > Mais para dentro uma grande sala de jantar onde todos almoçavam e jantavam à mesma hora – 11h30 e 19h;

   Por este trecho, podemos entender que:

   ☐ os horários das refeições eram liberados, com exceção das 11h30 e das 19h, quando os netos almoçavam e jantavam;

   ☐ era uma família com horários rígidos para as refeições.

   ☐ havia um rodízio na hora das refeições: um grupo comia às 11h30 e outro, às 19h.

5. Por meio da narrativa da autora, como você imagina que era a casa da avó materna?

   ☐ Uma casa desorganizada.

   ☐ Uma casa triste.

   ☐ Uma casa cheia de movimento, de alegria.

## Produção de textos

Escreva a história de um destes lugares:
- uma casa;
- uma escola;
- uma cidade;
- uma floresta.

Antes de começar a escrever, siga estes passos.

1. Escolha o lugar.

2. Escreva todas as palavras que podem estar relacionadas a esse lugar.

3. Leia com atenção todas essas palavras nas quais você pensou e que anotou. Elas, com certeza, darão algumas pistas para sua imaginação.

4. Comece a imaginar o lugar e as pessoas que lá estão: o que pode estar acontecendo? Sua história já está começando.

5. Se preferir, desenhe o que está pensando. O desenho pode ajudar você a imaginar lugares e pessoas.

# Ficha 1

## NARRATIVA FICCIONAL

Autor(a): _____ Data: ___/___/___

### Planejamento

Escolha um lugar. A seguir, escreva palavras sobre ele e, se quiser, desenhe-o.

### Escrita

Agora, comece a escrever sua história.
À medida que for escrevendo, ela vai acontecendo.

_____
_____
_____
_____
_____
_____
_____
_____

Oficina de escritores • 6º ano • Projeto B: No mundo da ficção

## Revisão

Faça uma revisão cuidadosa do rascunho. Substitua, acrescente, elimine palavras ou frases. Revise seu texto com base nos itens do **Roteiro de revisão**.

| Roteiro de revisão | Avaliação do autor do texto | | Avaliação do leitor | |
|---|---|---|---|---|
| | SIM | NÃO | SIM | NÃO |
| **Gênero textual** | | | | |
| 1. A história oferece elementos para o leitor imaginar o lugar e as pessoas? | | | | |
| 2. A maneira como são contados os fatos atrai a atenção do leitor? | | | | |
| **Organização do texto** | | | | |
| 1. O texto atende à proposta? | | | | |
| 2. Os fatos estão na sequência temporal? | | | | |
| 3. Predomina uma ideia central no texto? | | | | |
| **Organização da frase** | | | | |
| 1. As frases estão claras? | | | | |
| 2. O vocabulário empregado está adequado e preciso? | | | | |
| 3. Não há repetição desnecessária de palavras? | | | | |
| **Adequação à norma-padrão** | | | | |
| 1. As palavras estão escritas corretamente? | | | | |
| 2. Os sinais de acentuação são usados adequadamente? | | | | |
| 3. Os sinais de pontuação são utilizados de modo correto? | | | | |
| **Edição do texto** | | | | |
| 1. A letra está legível? | | | | |
| 2. As margens estão regulares? | | | | |
| 3. Há espaço para indicar o início dos parágrafos? | | | | |
| 4. Não há rasuras no texto? | | | | |

Comentários do leitor (colegas e/ou professor):

_____
_____
_____
_____
_____

Autor(a): _____

## Reescrita

_____
_____
_____
_____
_____
_____
_____
_____
_____
_____
_____
_____
_____
_____
_____
_____
_____
_____
_____
_____
_____
_____
_____
_____
_____
_____

## Edição final

Prepare o texto para ser editado em seu livro de histórias. Para isso, escreva o texto, distribuindo-o na página, e faça uma ilustração para ele.

# 2 RECONTO DE NARRATIVA

O escritor pode criar uma história que não viu acontecer. Mas ele também pode inventar uma história com base em outra já existente, contando-a de outro jeito. Assim, ele estará criando uma nova história. Leia os textos a seguir e veja como o escritor Luis Fernando Verissimo recontou duas histórias conhecidas.

**HISTÓRIA ORIGINAL**

## O lobo e o cordeiro

Estava o cordeiro a beber num córrego, quando apareceu um lobo esfaimado, de horrendo aspecto.

— Que desaforo é esse de turvar a água que venho beber? – disse o monstro arreganhando os dentes. Espere, que vou castigar tamanha má-criação!...

O cordeirinho, trêmulo de medo, respondeu com inocência:

— Como posso turvar a água que o senhor vai beber se ela corre do senhor para mim?

Era verdade aquilo e o lobo atrapalhou-se com a resposta. Mas não deu o rabo a torcer.

— Além disso – inventou ele – sei que você andou falando mal de mim o ano passado.

— Como poderia falar mal do senhor o ano passado, se nasci este ano?

Novamente confundido pela voz da inocência, o lobo insistiu:

— Se não foi você, foi seu irmão mais velho, o que dá no mesmo.

— Como poderia ser o meu irmão mais velho, se sou filho único?

O lobo, furioso, vendo que com razões claras não vencia o pobrezinho, veio com uma razão de lobo faminto:

— Pois se não foi seu irmão, foi seu pai ou seu avô!

E – nhoque! – sangrou-o no pescoço.

Contra a força não há argumentos.

Monteiro Lobato. *Fábulas*. São Paulo: Globo, 2012.

**HISTÓRIA RECONTADA**

## O lobo e o cordeiro

**A solução**

O sr. Lobo encontrou o sr. Cordeiro numa reunião do Rotary e se queixou de que a fábrica do sr. Cordeiro estava poluindo o rio que passava pelas terras do sr. Lobo, matando os peixes, espantando os pássaros e, ainda por cima, cheirando mal. O sr. Cordeiro argumentou que, em primeiro lugar, a fábrica não era sua, era do seu pai, e, em segundo lugar, não poderia fechá-la, pois isto agravaria o problema do desemprego na região, e o sr. Lobo certamente não ia querer bandos de desempregados nas suas terras, pescando seu peixe, matando seus pássaros para assar e comer e ainda por cima cheirando mal. Instale equipamento antipoluente, insistiu o sr. Lobo. Ora, meu caro, retrucou o sr. Cordeiro, isso custa dinheiro, e para onde iria o meu lucro? Você certamente não é contra o lucro, sr. Lobo, disse o sr. Cordeiro, preocupado, examinando o sr. Lobo atrás de algum sinal de socialismo latente. Não, não, disse o sr. Lobo, mas isto não pode continuar. É uma agressão à Natureza e, o que é mais grave, à minha Natureza. Se ainda fosse à Natureza do vizinho... E se eu não parar?, perguntou o sr. Cordeiro. Então, respondeu o sr. Lobo, mastigando um salgadinho com seus caninos reluzentes, eu serei obrigado a devorá-lo, meu caro. Ao que o sr. Cordeiro retrucou que havia uma solução. Por que o senhor não entra de sócio na fábrica Cordeiro e Filho? Ótimo, disse o sr. Lobo. E desse dia em diante não houve mais poluição no rio que passava pelas terras do sr. Lobo. Ou pelo menos, o sr. Lobo nunca mais se queixou.

Luis Fernando Verissimo. *O Santinho*. São Paulo: Companhia das Letrinhas, 2017.

## Estudo do texto

Você acabou de ler uma história clássica: a fábula "O lobo e o cordeiro", contada por Monteiro Lobato. Você também leu essa mesma história recontada por Luis Fernando Verissimo.

Ao recontar histórias, o autor pode fazer as seguintes alterações: mudar a linguagem; alterar o lugar e o tempo em que se passa a história; mudar as características físicas e/ou psicológicas das personagens; alterar a mensagem do texto original.

1. Preencha o quadro a seguir com "sim" ou "não" de acordo com a alteração realizada pelo autor na história recontada.

|  | Mudança de linguagem | Alteração de tempo e lugar | Mudança nas características físicas das personagens | Alteração nas características psicológicas das personagens | Mudança da mensagem da história |
|---|---|---|---|---|---|
| Reconto "O lobo e o cordeiro" |  |  |  |  |  |

2. Na fábula original, o Lobo devora o Cordeiro. Na versão de Verissimo é possível afirmar que isso também acontece? Converse com os colegas e justifique sua resposta.

## Produção de textos

Assim como Luis Fernando Verissimo, você vai recontar uma história. O primeiro passo é escolher a história original que será recontada. Pode ser uma fábula, um conto de fadas, um fato histórico, uma história religiosa, uma lenda etc.

É importante que seja uma história conhecida. Quando os leitores começarem a ler a sua versão, deverão reconhecer nela traços da história original.

Ao recontá-la, você vai mudar alguns elementos, mas não deve modificar os fatos básicos e fundamentais da história original.

# Ficha 2 — RECONTO DE NARRATIVA

Autor(a): _____ Data: ___/___/___

## Planejamento

Faça um paralelo entre a história original e a versão que você vai escrever: personagens (quem e como são), lugar (onde se passa a história), tempo (quando aconteceu) e resumo dos fatos principais.

### História original

1. Personagens:
   _____
   _____

2. Lugar:
   _____

3. Tempo:
   _____
   _____

4. Resumo dos fatos principais:
   _____
   _____

### História recontada

1. Personagens:
   _____
   _____

2. Lugar:
   _____

3. Tempo:
   _____
   _____

4. Resumo dos fatos principais:
   _____
   _____

Oficina de escritores • 6º ano • Projeto B: No mundo da ficção

## Escrita

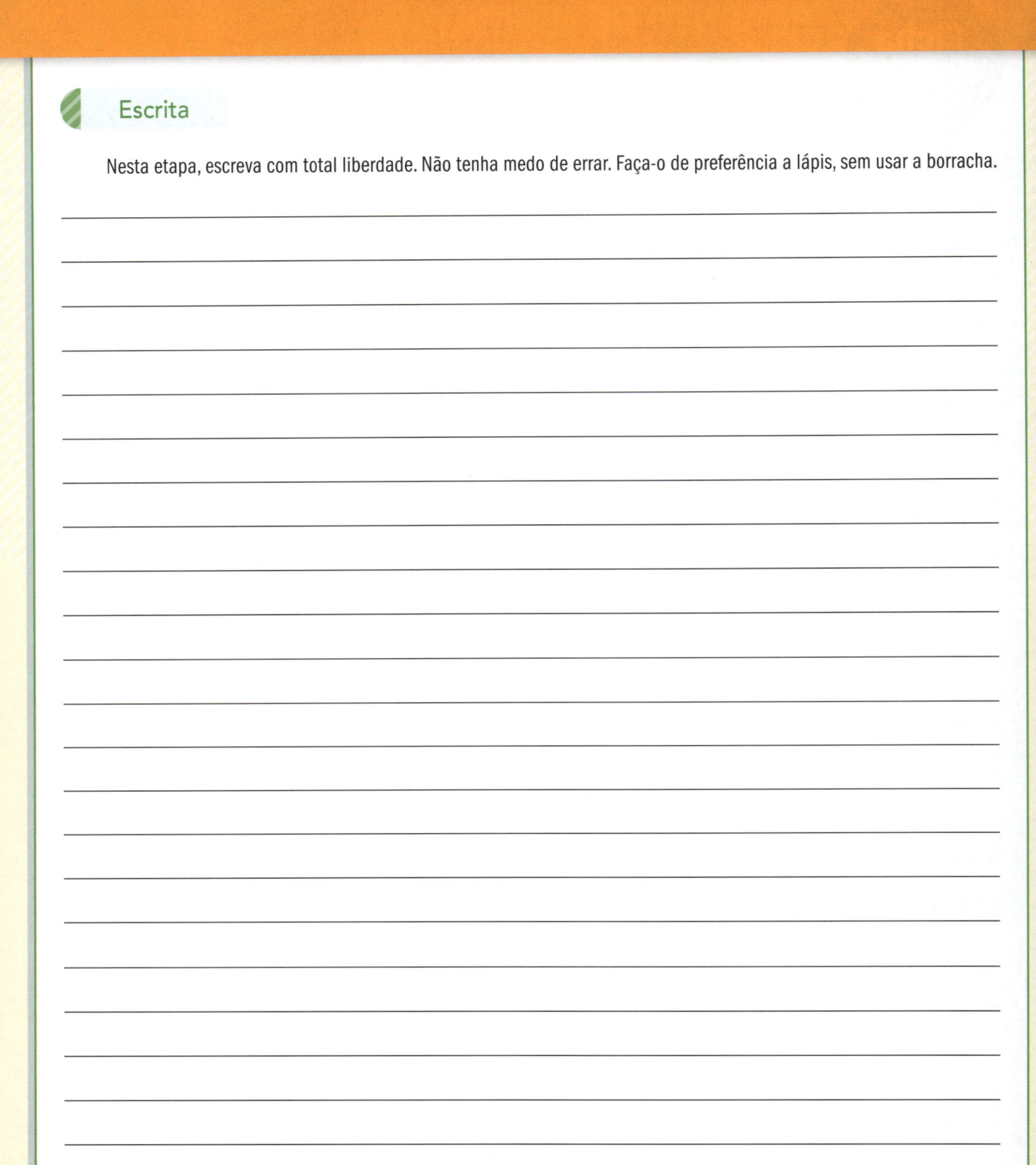

Nesta etapa, escreva com total liberdade. Não tenha medo de errar. Faça-o de preferência a lápis, sem usar a borracha.

## Revisão

Ao reler a história recriada por você, observe dois aspectos: há uma sequência lógica entre os fatos que compõem sua história? A história recontada permite ao leitor identificar elementos que remetam à história original? Para uma revisão completa de seu texto, guie-se pelos itens do **Roteiro de revisão**.

| Roteiro de revisão | Avaliação do autor do texto | | Avaliação do leitor | |
|---|---|---|---|---|
| | SIM | NÃO | SIM | NÃO |
| **Gênero textual** | | | | |
| 1. Os elementos da história recontada formam um conjunto coerente? | | | | |
| 2. A história recontada permite ao leitor identificar a história original? | | | | |
| **Organização do texto** | | | | |
| 1. O texto atende à proposta? | | | | |
| 2. Os fatos são relatados em uma sequência coerente? | | | | |
| 3. Predomina uma ideia central no texto? | | | | |
| **Organização da frase** | | | | |
| 1. As frases estão claras? | | | | |
| 2. O vocabulário empregado está adequado e preciso? | | | | |
| 3. Não há repetição desnecessária de palavras? | | | | |
| **Adequação à norma-padrão** | | | | |
| 1. As palavras estão escritas corretamente? | | | | |
| 2. Os sinais de acentuação são usados adequadamente? | | | | |
| 3. Os sinais de pontuação são utilizados de modo correto? | | | | |
| **Edição do texto** | | | | |
| 1. A letra está legível? | | | | |
| 2. As margens estão regulares? | | | | |
| 3. Há espaço para indicar o início dos parágrafos? | | | | |
| 4. Não há rasuras no texto? | | | | |

Comentários do leitor (colegas e/ou professor):

_____
_____
_____
_____

Autor(a): _____

## Reescrita

_____
_____
_____
_____
_____
_____
_____
_____
_____
_____
_____
_____
_____
_____
_____
_____
_____
_____
_____
_____
_____
_____
_____
_____
_____
_____
_____

## Edição final

Prepare o texto para ser editado e publicado posteriormente em seu livro de histórias. Para isso, escreva o texto, distribuindo-o na página, e faça uma ilustração para ele.

# 3 NARRADOR

Você conhece muitas histórias por meio:
- do texto escrito;
- do relato oral;
- da televisão;
- do cinema;
- do teatro.

E deve ter percebido que, às vezes, há uma voz que conta a história, outras vezes não. Essa voz é o **narrador**, sempre presente no texto escrito.

Ao relatar os fatos, o narrador pode ou não participar das ações ou dos acontecimentos.

Quando o narrador apenas observa os fatos sem participar da história, recebe o nome de **narrador-observador** ou **narrador onisciente**. Nesse caso, emprega a 3ª pessoa. Exemplo:

> Percival cavalgou o dia inteiro na floresta, solitário. Sentia-se muito mais à vontade do que se estivesse em campo aberto. A noite caía quando enxergou uma fortaleza, bem situada, mas fora dela só se via mar, água e terra desolada.
>
> Percival passou por uma ponte toda bamba e bateu no portão.
>
> Jacqueline Mirande. *Contos e lendas dos cavaleiros da Távola Redonda*. São Paulo: Companhia das Letras, 1998.

Quando o narrador é um dos personagens da história, isto é, participa dos acontecimentos, recebe o nome de **narrador-personagem**. Nesse caso, utiliza a 1ª pessoa. Exemplo:

> Eu tenho que achar um lugar pra esconder as minhas vontades. Não digo vontade magra, pequenininha, que nem tomar sorvete a toda hora, dar sumiço da aula de matemática, comprar um sapato novo que eu não aguento mais o meu. Vontade assim todo o mundo pode ter, não tô ligando a mínima. Mas as outras – as três que, de repente, vão crescendo e engordando toda a vida – ah, essas eu não quero mais mostrar. De jeito nenhum.
>
> Lygia Bojunga Nunes. *A bolsa amarela*. Rio de Janeiro: Agir, 2000.

Você vai ler a seguir uma mesma história, contada por dois narradores diferentes.

**TEXTO 1**

# O baile

Levei um monte de tempo me vestindo. Não tinha roupa que servisse. Não gosto de festas, bailes menos ainda. A Morecy faz 13 anos. Eu não sei que roupa a gente tem que pôr quando a melhor amiga da gente faz 13 anos. Pra falar a verdade, preferia ter pego uma gripe e curtido febre na cama. Não pus o vestido verde porque fico com cara de defunto. O amarelo ficou dançando, acho que emagreci. Como sempre, acabei indo com o xadrezinho, que é meio manjado, mas me sinto bem.

Não consegui entrar em acordo com a minha cara no espelho. Não gosto do meu cabelo liso e muito fino. Nem da minha cara sem pó de arroz. Mas também de pó de arroz não fico bem.

Acho que levei umas duas horas me aprontando. Cheguei tarde, todo mundo já estava lá. Tinha luz negra, um montão de gente dançando e eu encabulei vendo o Luiz do outro lado do salão, conversando com os amigos.

Fiquei de pé também, falando com a Maria Luísa, aquela bem alta que todo mundo tira sempre pra dançar porque é linda [...]. Pegamos uns copos com guaraná e ficamos bebendo, enquanto ela me contava a briga que tinha tido com a D. Rita. Depois nós fomos dançar sozinhas mesmo. E na quarta música o Luiz veio falar comigo.

Foi daí que a gente saiu pro terraço e ele perguntou se eu gostava mesmo dele. Disse que sim. E é verdade, eu gosto um pouco dele. Então ele disse que se eu gostava mesmo era pra eu dar um beijo nele. Eu dei, no rosto. Ele disse que ali não valia, tinha que ser na boca. Ele falava e sorria, mas eu percebi que ele estava um pouco sem jeito, porque toda hora olhava pros lados, pra ver se não vinha ninguém.

Daí ele pegou na minha mão e depois me abraçou e ficou falando que gostava muito de mim, que eu tinha um cabelo bem macio, e eu pensei que poderia ser macio, mas era fino e liso demais. Daí ele disse que não gostava de menina que usava pintura, que ficava com cara de palhaço e que eu era bem natural. Foi bem essa a palavra que ele usou: natural. Achei engraçado falar assim mas também achei legal ele falar desse jeito. Aí ele foi chegando, me beijando o cabelo, a testa, descendo pelo nariz e eu deixando porque vinha subindo em mim um calor gostoso, uma espécie de moleza que eu nunca tinha sentido antes...

Mirna Pinsk. *Iniciação*. Belo Horizonte: Comunicação, 1980.

**TEXTO 2**

# O baile

Levou um monte de tempo se vestindo. Não tinha roupa que servisse. Não gostava de festas, bailes menos ainda. A Morecy fazia 13 anos. Ela não sabia que roupa tinha que pôr quando a melhor amiga fazia 13 anos. Para falar a verdade, preferia ter pego uma gripe e curtido febre na cama. Não pôs o vestido verde porque ficava com cara de defunto. O amarelo ficava dançando, achava que tinha emagrecido. Como sempre, acabou indo com o xadrezinho, que era meio manjado, mas sentia-se bem.

Não conseguia entrar em acordo com a sua cara no espelho. Não gostava do seu cabelo liso e muito fino. Nem da sua cara sem pó de arroz. Mas também de pó de arroz não ficava bem.

Levou umas duas horas se aprontando. Chegou tarde, todo mundo já estava lá. Tinha luz negra, um montão de gente dançando e ela encabulou vendo o Luiz do outro lado do salão, conversando com os amigos.

Ficou de pé também, falando com a Maria Luísa, aquela bem alta que todo mundo tira sempre para dançar [...] porque é linda. Pegaram uns copos com guaraná e ficaram bebendo, enquanto a Maria Luísa lhe contava a briga que tinha tido com a D. Rita. Depois elas foram dançar sozinhas mesmo. E na quarta música o Luiz foi falar com ela.

Foi nesse momento que eles saíram para o terraço e o Luiz perguntou se ela gostava mesmo dele. Ela disse que sim. E era verdade, ela gostava um pouco dele. Então ele disse que se ela gostava mesmo era para ela dar um beijo nele. Ela deu, no rosto. O Luiz disse que ali não valia, tinha que ser na boca. Ele falava e sorria, mas ela percebeu que ele estava um pouco sem jeito, porque toda hora olhava para os lados, para ver se não vinha ninguém.

Em seguida o Luiz pegou na mão dela e depois a abraçou e ficou falando que gostava muito dela, que ela tinha um cabelo bem macio, e ela pensou que poderia ser macio, mas era fino e liso demais. Depois ele disse que não gostava de menina que usava pintura, que ficava com cara de palhaço e que ela era bem natural. Foi bem essa a palavra que ele usou: natural. Ela achou engraçado falar assim mas também achou legal ele falar desse jeito. Aí ele foi chegando, beijando o cabelo, a testa, descendo pelo nariz e ela deixando porque vinha subindo nela um calor gostoso, uma espécie de moleza que ela nunca tinha sentido antes...

## Estudo do texto

Como estudamos anteriormente, quem conta uma história é o narrador. E, para contá-la, ele pode assumir as duas posições a seguir.

1. Apresentar os fatos como observador, recebendo o nome de **narrador-observador**. Ou seja:

$$\text{Narrador} \neq \text{Personagem}$$

É o caso do Texto 2. O narrador não participa dos fatos, mas conta o que aconteceu com as personagens. Ele não fala dele mesmo, mas de alguém, empregando, portanto, a **3ª pessoa**. Observe:

> Levou um monte de tempo se vestindo. Não tinha roupa que servisse. Não gostava de festas, bailes menos ainda. A Morecy fazia 13 anos. Ela não sabia que roupa tinha que pôr quando a melhor amiga fazia 13 anos. Para falar a verdade, preferia ter pego uma gripe e curtido febre na cama. Não pôs o vestido verde porque ficava com cara de defunto.

2. Apresentar os fatos como uma das personagens envolvidas na história, denominando-se **narrador-personagem**. Ou seja:

$$\text{Narrador} = \text{Personagem}$$

É o caso do Texto 1. O narrador participa da história, pois ele é uma das personagens. Fala dele mesmo, empregando, portanto, a **1ª pessoa**. Veja:

> Levei um monte de tempo me vestindo. Não tinha roupa que servisse. Não gosto de festas, bailes menos ainda. A Morecy faz 13 anos. Eu não sei que roupa a gente tem que pôr quando a melhor amiga da gente faz 13 anos. Pra falar a verdade, preferia ter pego uma gripe e curtido febre na cama. Não pus o vestido verde porque fico com cara de defunto.

## Produção de textos

Para produzir seu texto, escolha uma das sugestões a seguir.

## Sugestão 1

1. Coloque-se no lugar do personagem Luiz e escreva sua versão, como narrador-personagem, para a história contada no texto "O baile".

2. Você poderá eliminar alguns fatos e acrescentar outros. Além disso, alterando-se o narrador, mudam também a visão e os sentimentos em relação aos fatos. Procure narrar:
   - a preparação para o baile;
   - a chegada ao baile;
   - a chegada da garota que ele gostava;
   - o encontro com essa garota;
   - a conversa e o beijo.

3. Ao narrar esses fatos, procure detalhar:
   - as ações do personagem durante o baile;
   - os sentimentos do personagem em relação à garota;
   - as reflexões do personagem no decorrer do baile.

4. Dê outro título para seu texto.

## Sugestão 2

Leia o texto a seguir.

**TEXTO 1**

### O meu segredo

Ontem, antes de dormir, lembrei de uma história de quando eu era pequeno e a gente morava na casa de minha tia, no subúrbio. Não sei se foram meses ou anos, pareceu um tempo bem comprido. Se não fossem as implicâncias de minhas primas, até que eu teria sido feliz lá, por causa do quintal e do jardim.

Quando ficava sozinho, fugia para o fundo do quintal e brincava de uma porção de coisas bacanas: de Tarzan, de explorador, de geólogo, só que naquele tempo eu não sabia que chamava assim. O que eu gostava mais era de subir nas árvores. Um dia, descobri um ninho de bem-te-vi num galho baixo da mangueira. Fiquei todo feliz quando o ninho se encheu de ovos... Era o meu segredo. Até me levantava cedo, pra olhar o ninho, se os passarinhos tinham nascido. Um dia, as pestes das minhas primas descobriram meu segredo, e, só de implicância, desmancharam o ninho e quebraram os ovinhos. Perdi a cabeça, aquela malvadez, tanto mais que elas começaram a zombar, com risinhos e cochichos, e a me provocar. Como a casa era delas, se sentiam mais fortes. Tive vontade de bater, mas a raiva era tanta que era capaz de machucar de verdade. Levei dois dias curtindo minha raiva, quase não comia nem dormia direito, pensando numa vingança, mas não achava nada. De repente me lembrei: elas tinham uma coleção de bonecas de plástico que adoravam, davam banho, vestiam, davam comidinha. Peguei todas as bonecas, levei pro fundo do quintal e botei fogo... Nem quero contar o que aconteceu... Mas não me arrependi...

Maria Alice do Nascimento e Silva Leuzinger. *O diário de Marcos Vinícius*. Rio de Janeiro: Nova Fronteira, 1985.

1. Propomos a você que reinvente a história do texto "O meu segredo", mudando o narrador-personagem: conte os fatos como se fosse uma das primas do Marcos.

2. Você poderá eliminar alguns fatos e acrescentar outros à história. Contudo, não se esqueça de que, com a mudança do narrador, mudam os sentimentos em relação aos acontecimentos.

3. Para produzir o texto, siga o roteiro abaixo, que vai sugerir o que pode ser narrado em cada parágrafo.

| Parágrafo | Assunto |
|---|---|
| 1º parágrafo | · Seu nome e o de sua irmã.<br>· Como era o lugar onde vocês moravam (bairro, cidade)?<br>· Como era a casa, o quintal e o jardim? |
| 2º parágrafo | · Chegada do primo (nome, características).<br>· O que você e sua irmã acharam dele?<br>· Do que ele gostava de brincar?<br>· Como vocês descobriram o segredo dele (o ninho de bem-te-vi)?<br>· Por que vocês resolveram destruir o ninho? |
| 3º parágrafo | · Qual foi a reação do menino quando viu o ninho destruído?<br>· Como você e sua irmã se sentiram depois de destruir o ninho (remorso, satisfação etc.)?<br>· Qual foi a vingança do menino (destruição das bonecas)?<br>· O que as bonecas representavam para vocês?<br>· Como vocês reagiram?<br>· O que aconteceu com o menino? Ele foi punido? |

4. Dê outro título ao texto.

## Ficha 3 — NARRADOR

Autor(a): _____ Data: ___/___/___

### Planejamento

Antes de começar a escrever, organize alguns dados da história: narrador, personagens, resumo dos fatos, onde e quando aconteceram.

1. Narrador-personagem:
   a) Quem é?
   _____
   b) Como é?
   _____

2. Personagens: nomes e principais características.
   _____
   _____
   _____

3. Lugar: onde se passa a história.
   _____
   _____

4. Resumo da história: o que aconteceu de mais importante.
   _____
   _____
   _____
   _____

### Escrita

Ao escrever a história, conte o que o narrador-personagem faz e fala, assim como o que ele pensa e sente. E tome cuidado para contar somente o que o narrador-personagem pode ter visto, sentido e pensado.

_____
_____
_____
_____
_____

Oficina de escritores • 6º ano • Projeto B: No mundo da ficção

## Revisão

Na revisão do texto, observe principalmente a coerência do narrador. Como narrador-personagem, ele só pode contar ao leitor sua visão dos fatos. Verifique se seu texto mantém essa coerência. Para uma revisão completa do seu texto, guie-se pelo **Roteiro de revisão** a seguir.

| Roteiro de revisão | Avaliação do autor do texto | | Avaliação do leitor | |
|---|---|---|---|---|
| | SIM | NÃO | SIM | NÃO |
| **Gênero textual** | | | | |
| 1. A visão e as sensações em relação aos fatos estão coerentes com a posição assumida pelo narrador (narrador-personagem)? | | | | |
| 2. A história é narrada em 1ª pessoa? | | | | |
| **Organização do texto** | | | | |
| 1. O texto atende à proposta? | | | | |
| 2. O título está adequado ao texto? | | | | |
| 3. Os fatos são relatados em uma sequência coerente? | | | | |
| 4. Predomina uma ideia central no texto? | | | | |
| **Organização da frase** | | | | |
| 1. As frases estão claras? | | | | |
| 2. O vocabulário empregado está adequado e preciso? | | | | |
| 3. Não há repetição desnecessária de palavras? | | | | |
| **Adequação à norma-padrão** | | | | |
| 1. As palavras estão escritas corretamente? | | | | |
| 2. Os sinais de acentuação são usados adequadamente? | | | | |
| 3. Os sinais de pontuação são utilizados de modo correto? | | | | |
| **Edição do texto** | | | | |
| 1. A letra está legível? | | | | |
| 2. As margens estão regulares? | | | | |
| 3. Há espaço para indicar o início dos parágrafos? | | | | |
| 4. Não há rasuras no texto? | | | | |

Comentários do leitor (colegas e/ou professor):

_____

_____

_____

Autor(a):

Oficina de escritores • 6º ano • Projeto B: No mundo da ficção

## Reescrita

## Edição final

Prepare o texto para ser editado em seu livro de histórias. Para isso, escreva-o, distribuindo-o na página, e faça uma ilustração para ele.

# 4 PERSONAGEM

Para contar uma história, você, como autor, não precisa falar de sua vida.

Você pode criar uma personagem e fazer de conta que é ela quem fala no texto. Nesse caso, seu texto terá um narrador-personagem.

Veja como isso acontece no texto a seguir.

## A história de Flor-de-lis

Fui comprada numa loja de cachorros. A mulher entrou e disse:

– Quero uma cachorra caríssima e de raça puríssima, para todo o mundo achar linda e ficar sabendo quanto é que custou.

E aí ela ficou sendo minha dona e me levou para casa.

Vivia me enchendo de perfume. Eu espirrava o dia todo e pensava: "puxa vida, se eu sou cachorro, porque é que não posso ter cheiro de cachorro?"

Vivia me enchendo de roupas e pulseiras, e quando chovia me botava capa de borracha, lenço na cabeça e botas. Eu morria de vergonha de sair na rua assim, e pensava: "puxa isso não é jeito de cachorro andar". Nunca me deixava solta. Nem um minutinho. "Puxa vida, cachorro precisa correr. Isso não é vida!" – eu pensava. E a coleira era sempre tão apertada que me sufocava. Olha aqui a marca, olha só.

Vivia me enchendo de talco e pó de arroz, me levava para tomar parte em concurso de beleza, e hoje, vê se pode, disse que ia furar minhas orelhas para botar brinco, e isso eu nunca vi cachorro usar.

Então eu pensei: "Puxa vida, quem sabe esse tempo todo eu estou achando que sou cachorro, mas eu não sou cachorro?..." Foi aí que eu comecei achar que estava ficando meio birutinha e me apavorei. Quando ela abriu a porta para uma visita entrar, eu fugi.

Lygia Bojunga Nunes. *Os colegas*.
Rio de Janeiro: José Olympio, 1981.

## Estudo do texto

Na leitura do texto "Flor-de-Lis", você deve ter percebido que a autora, Lygia Bojunga Nunes, conta os acontecimentos como se fosse a personagem Flor-de-Lis. Ou seja:

> **Autora**: Lygia Bojunga Nunes
> **Narrador-personagem**: Cachorrinha Flor-de-Lis

O autor é a pessoa real, que escreve o texto, isto é, Lygia Bojunga Nunes. Ela criou uma personagem, a cachorrinha Flor-de-Lis, e é justamente essa personagem que narra os acontecimentos. Temos no texto, então, um narrador-personagem que conta:

a) sua história;
b) o lugar onde vive;
c) o que faz;
d) sua visão de mundo: o que pensa e sente.

Se fizermos uma analogia com um filme, o narrador-personagem seria um ator que estaria assumindo uma máscara – uma personagem – e falaria como se fosse ela. Veja:

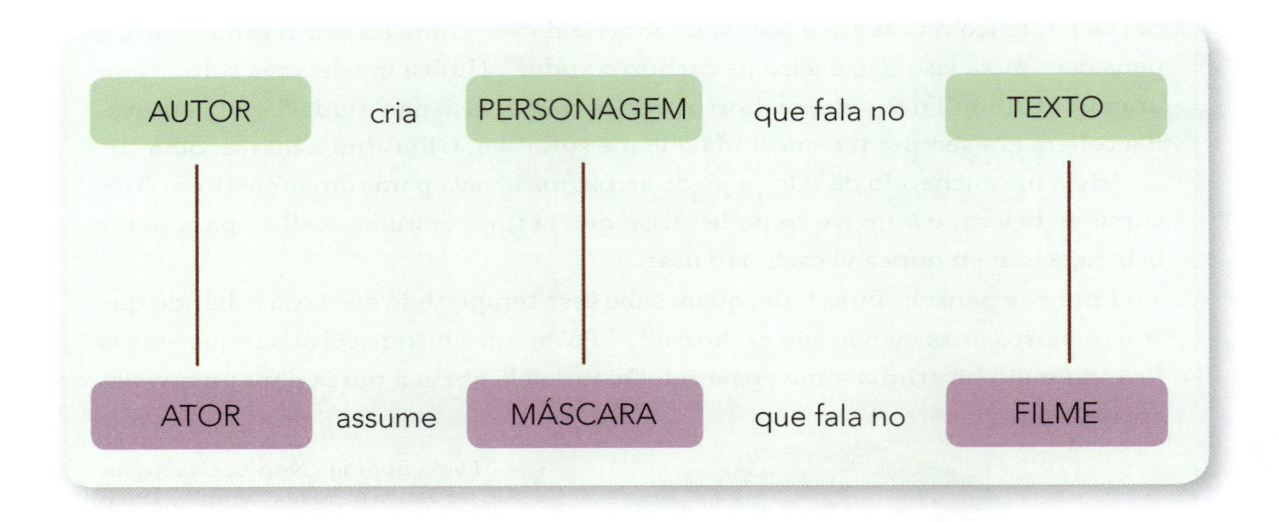

| AUTOR | cria | PERSONAGEM | que fala no | TEXTO |
|---|---|---|---|---|
| ATOR | assume | MÁSCARA | que fala no | FILME |

Para nos referirmos a essa máscara, usamos a palavra "personagem", que veio de *persona*, palavra do latim que nessa língua significa "máscara".

Ao escrever o texto em 1ª pessoa, o autor vai assumir essa personagem, passando a viver, sentir, falar e ver o mundo como ela vê.

Portanto, ao escrever uma história, você não precisa contar sua própria vida. Assim como a autora Lygia Bojunga Nunes, você pode criar uma personagem e narrar os fatos do ponto de vista dessa personagem.

## Produção de textos

Imagine que você é um animal, um objeto ou outra pessoa. Escreva sua história como se fosse uma dessas personagens.

Nesta página, apresentamos três imagens que podem inspirá-lo a criar sua personagem. Você também pode buscar outras imagens na internet, em revistas ou jornais.

Projeto B • No mundo da ficção

Antes de começar a escrever, siga estes passos.

1. Escolha a personagem.
2. Pense nela. Procure vê-la com os olhos da imaginação. Identifique suas características principais.
3. Responda às perguntas a seguir como se fosse a própria personagem.

| | |
|---|---|
| Onde você mora? | |
| Com quem vive? | |
| Você é feliz? | |
| O que o/a deixa feliz? | |
| Você tem amigos? Quem são? | |
| O que faz na vida? | |
| Do que tem medo? | |
| O que mais o preocupa na vida? | |
| O que o/a deixa triste? | |
| Você gosta mais do dia ou da noite? | |
| Se pudesse, o que mudaria no mundo? | |

## Entrevista

Seus colegas farão uma entrevista com você. Responda às perguntas como se fosse a personagem escolhida. Eles poderão fazer algumas das perguntas acima.

Será mais interessante se vocês combinarem que, durante a entrevista, não deve ser perguntado quem é você. Pelas respostas, os colegas tentarão descobrir.

# Ficha 4 — PERSONAGEM

Autor(a): _____  Data: ___/___/___

## Planejamento

Antes de começar a escrever, procure "ver" sua personagem: como ela é, onde vive, o que faz, quantos anos tem etc. Se preferir, pode desenhá-la e anotar alguns dados sobre ela.

## Escrita

Ao escrever a história, você pode se basear nas perguntas realizadas durante a entrevista. Escreva como se estivesse respondendo às perguntas de um entrevistador imaginário.

_____
_____
_____
_____
_____
_____
_____
_____

Oficina de escritores • 6º ano • Projeto B: No mundo da ficção

## Revisão

Na revisão do texto, não tenha medo de substituir, retirar ou acrescentar palavras. Às vezes, uma frase pode estar muito longa. Transforme-a em frases mais curtas. Outras vezes, pode haver passagens meio confusas. Nesse caso, pense em outra forma de transmitir a mesma informação mais claramente.

| Roteiro de revisão | Avaliação do autor do texto | | Avaliação do leitor | |
|---|---|---|---|---|
| | SIM | NÃO | SIM | NÃO |
| **Gênero textual** | | | | |
| 1. Os aspectos selecionados permitem ao leitor conhecer a personagem? | | | | |
| 2. A história é narrada em 1ª pessoa? | | | | |
| **Organização do texto** | | | | |
| 1. O texto atende à proposta? | | | | |
| 2. Os fatos acontecem em uma sequência temporal? | | | | |
| **Organização da frase** | | | | |
| 1. As frases estão claras? | | | | |
| 2. O vocabulário empregado está adequado e preciso? | | | | |
| 3. Não há repetição desnecessária de palavras? | | | | |
| **Adequação à norma-padrão** | | | | |
| 1. As palavras estão escritas corretamente? | | | | |
| 2. Os sinais de acentuação são usados adequadamente? | | | | |
| 3. Os sinais de pontuação são utilizados de modo correto? | | | | |
| **Edição do texto** | | | | |
| 1. A letra está legível? | | | | |
| 2. As margens estão regulares? | | | | |
| 3. Há espaço para indicar o início dos parágrafos? | | | | |
| 4. Não há rasuras no texto? | | | | |

Comentários do leitor (colegas e/ou professor):

_____
_____
_____
_____

Autor(a): _____

Oficina de escritores • 6º ano • Projeto B: No mundo da ficção

## Reescrita

_____

### Edição final

Prepare o texto para ser editado em seu livro de histórias. Para isso, escreva o texto, distribuindo-o na página, e faça uma ilustração para ele.

# 5 AÇÕES DA PERSONAGEM

A personagem é o elemento mais importante de uma narrativa, sem a qual nada acontece.

Ao contar uma história, o autor pode apresentar a personagem ao leitor por meio das ações executadas por ela.

## Chegou a hora!

Abri a portinha do avião. O vento batia forte em meu rosto empalidecido pelo pavor da primeira vez. Puxa, tanto treinamento, tanto trabalho... e agora, chego aqui e tô morrendo de medo.

Bati a mão na boca e olhei em minha volta, procurando um pedaço de madeira em que pudesse bater e isolar o pensamento ruim.

Morte! Agora sim, estava realmente com medo. Tremia dos pés à cabeça.

Acalmei-me. Meu colega do exército percebeu meu pânico e disse ironicamente:

— Está com medo? Lembre-se de que não é obrigado a ir em frente.

— Não, está tudo bem.

Menti. Não estava nada bem. Nada mesmo, mas agora não tinha volta. "É vai ou racha." Respirei bem fundo. Recuei. Tropecei e fui parar sentado novamente no banco do avião. Caminhei até a porta.

Rezei. Me senti um tanto mal. Tonteei.

É agora! Dei uma nova olhada para a mochila. Contemplei o céu limpo. Respirei e...

Saltei.

Bruna Mohovic (aluna), 12 anos.

## Estudo do texto

Para escrever o texto "Chegou a hora!", Bruna apresentou um conjunto de ações realizadas pela personagem, as quais informam em detalhes uma ação geral: saltar de paraquedas. Veja:

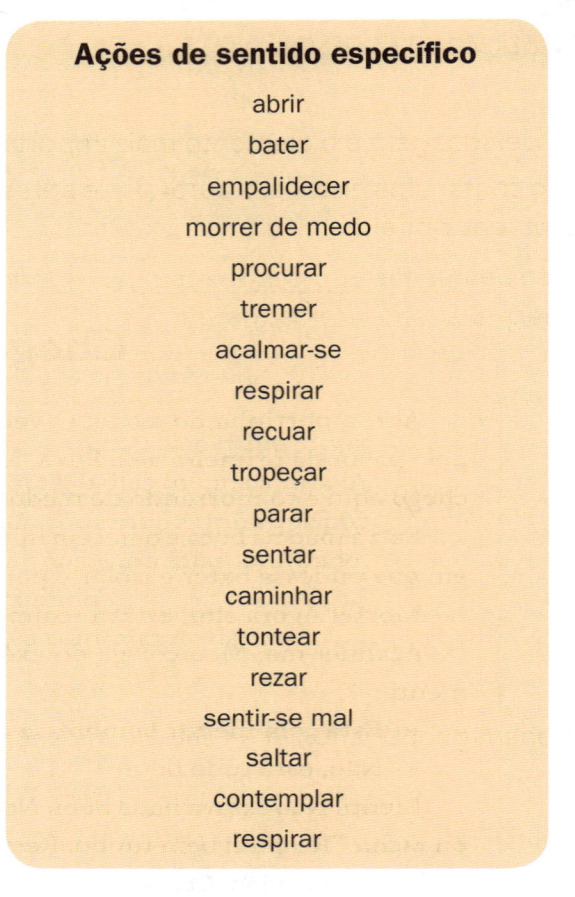

| Ação de sentido geral | Ações de sentido específico |
|---|---|
| saltar de paraquedas | abrir |
| | bater |
| | empalidecer |
| | morrer de medo |
| | procurar |
| | tremer |
| | acalmar-se |
| | respirar |
| | recuar |
| | tropeçar |
| | parar |
| | sentar |
| | caminhar |
| | tontear |
| | rezar |
| | sentir-se mal |
| | saltar |
| | contemplar |
| | respirar |

## Produção de textos

Assim como Bruna, crie um texto que seja o detalhamento de uma ação geral. Sugerimos, a seguir, algumas situações, mas você poderá pensar em outras.

**Ações gerais**

1. Entrar numa casa abandonada.
2. Colar durante a prova.
3. Enfrentar um cachorro bravo.
4. Preparar-se para uma competição.
5. Perder-se na floresta.
6. Perder-se no meio da multidão.
7. Preparar-se para um encontro.

Você pode escrever como narrador-personagem, como fez a Bruna, ou como narrador-observador. Invente um título bem sugestivo para o seu texto.

# Ficha 5 — AÇÕES DA PERSONAGEM

Autor(a): _____  Data: ___/___/___

## Planejamento

Antes de começar a escrever o texto, defina com clareza qual a ação geral que será detalhada. A seguir, anote todas as possíveis ações específicas relacionadas a ela.

**Ação geral**

_____
_____

**Ações específicas**

_____
_____
_____
_____
_____
_____
_____
_____
_____
_____

## Escrita

Intercale o relato das ações da personagem com um detalhamento do lugar em que ela está e de como se sente. Não conte tudo de uma vez. Deixe o leitor perceber aos poucos, em sua imaginação, o que está acontecendo.

_____
_____
_____
_____

Oficina de escritores • 6º ano • Projeto B: No mundo da ficção

## Revisão

Na reescrita do texto, não tenha medo de substituir, retirar ou acrescentar palavras. Verifique se as ações específicas, o detalhamento do lugar e as emoções da personagem estão relacionados a uma ação geral. Para uma revisão completa de seu texto, guie-se pelo **Roteiro de revisão**.

| Roteiro de revisão | Avaliação do autor do texto | | Avaliação do leitor | |
|---|---|---|---|---|
| | SIM | NÃO | SIM | NÃO |
| **Gênero textual** | | | | |
| 1. O texto apresenta uma visão específica dos fatos que permite ao leitor imaginar o que está acontecendo? | | | | |
| 2. Além das ações, o texto conta o que a personagem pensa e sente? | | | | |
| **Organização do texto** | | | | |
| 1. O texto atende à proposta? | | | | |
| 2. Os fatos acontecem em uma sequência temporal? | | | | |
| 3. Predomina uma ideia central no texto? | | | | |
| **Organização da frase** | | | | |
| 1. As frases estão claras? | | | | |
| 2. O vocabulário empregado está adequado e preciso? | | | | |
| 3. Não há repetição desnecessária de palavras? | | | | |
| **Adequação à norma-padrão** | | | | |
| 1. As palavras estão escritas corretamente? | | | | |
| 2. Os sinais de acentuação são usados adequadamente? | | | | |
| 3. Os sinais de pontuação são utilizados de modo correto? | | | | |
| **Edição do texto** | | | | |
| 1. A letra está legível? | | | | |
| 2. As margens estão regulares? | | | | |
| 3. Há espaço para indicar o início dos parágrafos? | | | | |
| 4. Não há rasuras no texto? | | | | |

Comentários do leitor (colegas e/ou professor):

_____
_____
_____
_____

Autor(a): _____

Oficina de escritores • 6º ano • Projeto B: No mundo da ficção

## Reescrita

## Edição final

Prepare o texto para ser editado em seu livro de histórias. Para isso, escreva-o, distribuindo-o na página, e faça uma ilustração para ele.

# 6 FALAS DA PERSONAGEM

Ao ler uma história, você pode ter a impressão de que o autor colocou todas as falas das personagens.

Na verdade, o autor escolhe as falas de acordo com o que pretende transmitir, dando ao leitor a sensação de que os fatos aconteceram exatamente como foram narrados.

No texto a seguir, as personagens revelam seus sentimentos por meio da fala.

Fabiano, cujos pais são separados, conversa com o pai durante um encontro. Não é um diálogo descontraído. Todo o texto gira em torno de um questionamento do garoto.

# Encontro

Domingo passado perguntei a meu pai:
— Papai, você chora?
— Não, mas já chorei.
— Quando?
— Muitas vezes.
— Mas quando?
— Ora, não me lembro mais.
— Quando?
— Quando o Atlético Mineiro ganhou o Primeiro Campeonato Nacional, em pleno Maracanã, em 1971. Bastava um empate, e ganhamos de um a zero. O técnico era o Telê. Sua mãe estava comigo, ela deve se lembrar de como pulamos, e gritamos, e choramos.
— Só?
— Só o quê?
— Você só chorou essa vez?
— Não, chorei também quando você nasceu.
— Você viu?
— Vi.
— Tudo?
— Tudo.
— E como é que foi?
— Foi muito bonito. Eu estava perto da sua mãe, segurando a mão dela. Perto da cabeça dela. E o médico do outro lado, esperando você sair de dentro dela. E quando ele disse "faz força", e sua mãe fez, você nasceu. Você saiu depressa, de uma vez só, inteiro, chorando.
— Eu era feio?
— Devia ser, mas eu não achei. Achei você muito bonito.
— E depois?
— Depois o médico cortou o cordão que unia você à sua mãe e você ficou sozinho.
— Sozinho?
— É, você se separou de sua mãe. E uma enfermeira mostrou você a ela.
— E quando mais você chorou?
— Algumas outras vezes. Quando meu pai morreu, quando um amigo, de vinte anos, morreu num desastre de motocicleta, em Belo Horizonte, quando outros amigos morreram em São Paulo, em Minas, aqui, ali, por todo o lado.
— Eu nunca vi ninguém morrer.
— É que você ainda é pequeno. Mas certas coisas a vida vai mostrando, um dia qualquer, quando a hora chega.
— E mamãe vai saber isso também?
— Quem sabe?
— Você já chorou por causa dela?

— De quem?

— Ora de quem, você sabe. Da mamãe.

— Já.

— Muito ou pouco?

— Muito.

— Por quê?

— Por todos os motivos. Você vai entender quando for homem.

— Agora você não chora mais? Estou falando por causa da mamãe.

— Não, não choro mais.

Saímos do banco onde estávamos e fomos andar em volta do lago do Ibirapuera. Não sei por que, fiquei olhando só pra água. Mas a mão do meu pai tremia enquanto segurava a minha.

Vivina de Assis Viana. *O dia de ver meu pai*. Belo Horizonte: Lê, 2016.

## Estudo do texto

### Seleção das falas

Ao ler as falas das personagens do texto "Encontro", você deve ter percebido que há um fio condutor que dá unidade a todas elas. O menino quer saber do pai quando ele chorou, mas por trás dessa pergunta reside outra preocupação: a relação entre o pai e a mãe. Em função disso, as falas foram selecionadas e sequenciadas pelo autor.

## Reprodução das falas

Releia o seguinte trecho do texto:

> — Você já chorou por causa dela?
> — De quem?
> — Ora de quem, você sabe. Da mamãe.
> — Já.
> — Muito ou pouco?
> — Muito.
> — Por quê?
> — Por todos os motivos. Você vai entender quando for homem.

Para reproduzir as falas das personagens, observe que o autor usou os recursos gráficos a seguir.

1. As falas das personagens aparecem em parágrafos.

2. Cada fala é acompanhada por travessão.

## Produção de textos

No texto "Encontro", você acompanhou o diálogo entre duas personagens: pai e filho. Escreva um texto que também seja um diálogo entre duas personagens.

1. Escolha as personagens. Veja as sugestões a seguir.

   Personagens humanas:

   - mãe – filho
   - pai – filha
   - irmão – irmã
   - mãe – filha
   - avô – neto
   - amigo – amiga

   Personagens não humanas:

   - lápis – borracha
   - Sol – Lua
   - caneta – caderno
   - árvore – terra

   Você não precisa se ater a essas sugestões. Se preferir, pode escolher outras personagens.

2. Defina o assunto do diálogo.

3. Selecione falas que estejam associadas ao assunto da conversa.

   Boa produção!

# Ficha 6

## FALAS DA PERSONAGEM

Autor(a): _____ Data: ___/___/___

### Planejamento

Antes de começar a escrever o diálogo, pense nas personagens. Procure definir suas características e o assunto da conversa.

a) Nomes e características das personagens:

_____
_____
_____
_____

b) Assunto da conversa:

_____
_____

### Escrita

Ao escrever o diálogo, tome os seguintes cuidados: 1. use linguagem adequada às personagens; 2. selecione falas que estejam relacionadas ao assunto da conversa; 3. use o travessão para indicar as falas das personagens.

_____
_____
_____
_____
_____
_____
_____
_____
_____
_____
_____

Oficina de escritores • 6º ano • Projeto B: No mundo da ficção

## Revisão

Na revisão do texto, observe atentamente as falas das personagens.

Tome, sobretudo, estes cuidados: use travessão para indicar o início das falas; selecione as falas mais significativas, isto é, aquelas mais interessantes para a história, de acordo com o assunto. Para os demais itens, guie-se pelo **Roteiro de revisão**.

| Roteiro de revisão | Avaliação do autor do texto | | Avaliação do leitor | |
|---|---|---|---|---|
| | SIM | NÃO | SIM | NÃO |
| **Gênero textual** | | | | |
| 1. São selecionadas falas relacionadas ao assunto principal da conversa entre as personagens? | | | | |
| 2. É empregado o travessão para indicar a fala das personagens? | | | | |
| **Organização do texto** | | | | |
| 1. O texto atende à proposta? | | | | |
| 2. Os fatos acontecem em uma sequência temporal? | | | | |
| 3. Predomina uma ideia central no texto? | | | | |
| **Organização da frase** | | | | |
| 1. As frases estão claras? | | | | |
| 2. O vocabulário empregado está adequado e preciso? | | | | |
| 3. Não há repetição desnecessária de palavras? | | | | |
| **Adequação à norma-padrão** | | | | |
| 1. As palavras estão escritas corretamente? | | | | |
| 2. Os sinais de acentuação são usados adequadamente? | | | | |
| 3. Os sinais de pontuação são utilizados de modo correto? | | | | |
| **Edição do texto** | | | | |
| 1. A letra está legível? | | | | |
| 2. As margens estão regulares? | | | | |
| 3. Há espaço para indicar o início dos parágrafos? | | | | |
| 4. Não há rasuras no texto? | | | | |

Comentários do leitor (colegas e/ou professor):

_____
_____
_____
_____

Autor(a): _____

Oficina de escritores • 6º ano • Projeto B: No mundo da ficção

### Reescrita

### Edição final

Prepare o texto para ser editado em seu livro de histórias. Para isso, escreva-o, distribuindo-o na página, e faça uma ilustração para ele.

# 7 PENSAMENTOS DA PERSONAGEM

Ao ler uma história, você passa a conhecer muito de uma personagem: o que ela faz, como é, o que fala e, inclusive, o que pensa e sente.

Em algumas narrativas, você fica conhecendo seu passado, seu presente e seus sonhos para o futuro. Veja como isso ocorre no texto a seguir.

## O buquê

[...]

A campainha tocou. Rebeca correu pra abrir a porta. Até se admirou de ver um buquê tão bonito.

— Mãe! – ela gritou – chegou flor pra você. – Fechou a porta.

A Mãe veio correndo da cozinha e pegou o buquê. Tinha um envelope preso no papel; a Mãe tirou depressa um cartão lá de dentro; leu. O telefone tocou; a Mãe largou tudo e foi atender.

Rebeca quis ler o cartão. Mas estava escrito em língua estrangeira, era francês? Olhou pra assinatura: Nikos. Lembrou de uma voz estrangeira que andava telefonando, chamando a Mãe. Botou devagarinho o cartão em cima do envelope; foi chegando disfarçado pra perto do telefone, sem tirar o olho da Mãe. Franziu a testa; a Mãe estava parecendo nervosa, encabulada; mas muito mais bonita de repente! Rebeca foi se esquecendo de prestar atenção na língua estrangeira que a Mãe estava falando pra só ficar assim, olhando: curtindo a Mãe.

[...]

As duas tinham saído pra fazer compras, a Mãe e a Rebeca.

E na volta a Mãe falou:

— Quem sabe a gente vai andando pela praia?

Atravessaram a rua, tiraram o sapato, entraram na areia.

E foram andar, pela beira do mar. Rebeca a toda a hora olhava pra trás pra ver o caminho que o pé ia marcando na areia.

E a Mãe olhando pro mar e mais nada.

Era de tardinha. Não tinha quase ninguém na praia.

E teve uma hora que a Mãe convidou:

— Vamos descansar um pouco? Sentaram. Rebeca logo brincou de fazer castelo.

E a Mãe olhando pro mar. Olhando. Até que no fim ela disse:

— Rebeca, eu vou me separar do pai: não tá dando mais pra gente viver junto.

Rebeca largou o castelo; olhou num susto pra Mãe.

Projeto B • No mundo da ficção

— Neste último ano tudo ficou tão ruim entre o pai e eu. Eu sei que ele sempre teve paixão por música, eu já conheci ele assim. Mas desde que o Donatelo nasceu que ele só vive às voltas com aquele violino! É só tocar, estudar, compor, ensaiar, ele me deixou sozinha demais. – Pegou a mão da Rebeca.

Mas a mão da Rebeca escapou.

— Sozinha como? E eu? E o Donatelo? A gente tá sempre junto, não tá? Nós três. E quando o pai não tá com a orquestra ele também tá sempre em casa. Então? Nós quatro. Sozinha por quê?

— É que... eu não sei como é que eu te explico direito, mas... ah, Rebeca, eu ando tão confusa! – Apertou a boca e ficou olhando pro mar.

Rebeca esperando. Esperando.

De repente a Mãe ficou de joelhos, agarrou as duas mãos da Rebeca e foi despejando fala:

— Eu me apaixonei por um outro homem, Rebeca. Eu estou sentindo por ele uma coisa que nunca, nunca eu tinha sentido antes. Quando eu conheci o teu pai eu fui gostando cada dia mais um pouco dele, me acostumando, ficando amiga, querendo bem. A gente construiu na calma um amor gostoso, e foi feliz uma porção de anos. E mesmo quando eu reclamava que ele gostava mais da música do que de mim, eu era feliz...

— O pai adora você! Você não pode...

— ... e mesmo no tempo que o dinheiro era superapertado a gente era feliz...

— Ele gosta de você! Ele gosta demais de você.

— ... mas esse último ano a gente tá sempre discutindo, a gente briga a toda hora.

— Por quê?

— Não sei; quer dizer, eu sei; eu sei mais ou menos, essas coisas a gente nunca sabe direito, mas eu sei que eu fui me sentindo sozinha... vazia... vazia de amor. Amor assim... assim de um homem. É claro que isso não tem nada a ver com o amor que eu sinto por você. E pelo Donatelo então nem se fala.

— Não se fala por quê? Você gosta mais do Donatelo que de mim?

— Não, não, Rebeca! Entende: é porque ele é tão pequeno ainda, e você já está ficando uma mocinha: então é um amor do mesmo tamanho mas um pouco diferente que eu sinto por vocês dois. Mas isso não tem nada a ver com... ah Rebeca, como é que eu te explico? Como é que eu te explico a paixão que eu senti por esse homem desde a primeira vez que a gente se viu.

— Ai! Não aperta a minha mão assim.

— Se ele me diz vem se encontrar comigo, mesmo não querendo eu vou; se ele fala que quer me abraçar, mesmo achando que eu não devo eu deixo; tudo que eu faço de dia, cuidar de vocês, da casa, de tudo, eu faço feito dormindo: sempre sonhando com ele; e de noite eu fico acordada, só pensando, pensando nele.

— Ai, não...

— Ele diz eu gosto do seu cabelo é solto; eu digo é justo como eu não gosto, e é só ir dizendo isso pr'eu já ir soltando o cabelo; ele diz às 5 horas eu te telefono. Eu digo NÃO! Eu não atendo, e já bem antes das 5 eu tô junto do telefone esperando; só de chegar perto dele eu fico toda suando, e cada vez que eu fico longe eu só quero é ir pra perto, Rebeca! Rebeca! Eu tô sem controle de mim mesma, como é que isso foi me acontecer, Rebeca?! Ele me disse que vai voltar pra terra dele e me levar junto com ele, eu disse logo eu não vou! Sabendo tão bem aqui dentro que não querendo, não podendo, não devendo, é só ele me levar que eu vou. – Botou de palma pra cima as duas mãos da Rebeca e enterrou a cara lá dentro.

Ficaram assim.

— Isso é que é paixão? – Rebeca acabou perguntando.

A Mãe meio que sacudiu o ombro.

Quietas de novo.

— Como é que... como é que ele se chama? Esse cara.

— Nikos.

— Que nome esquisito.

— Ele é grego.

— Grego? E você entende o que ele fala?

— A gente conversa em francês.

Rebeca ficou olhando pro castelo desmanchado. E depois de um tempo suspirou:

— E ainda mais essa! Com tanto homem no Brasil.

[...]

Lygia Bojunga Nunes. *Tchau*. Rio de Janeiro: Casa Lygia Bojunga, 2018.

## Estudo do texto

As personagens são criadas pelo autor e adquirem vida por meio:
- de suas ações;
- de suas falas;
- de seus pensamentos e sentimentos.

Ao contar uma história, o narrador acompanha a personagem com base nessas perspectivas. Veja como isso acontece no texto "O buquê".

| O narrador acompanha a personagem contando: | Texto "O buquê" |
| --- | --- |
| O que ela faz (Rebeca) | A campainha tocou. Rebeca correu pra abrir a porta. |
| O que ela pensa e sente (Rebeca) | Até se admirou de ver um buquê tão bonito. |
| O que ela fala (Rebeca) | — Mãe! – ela gritou – chegou flor pra você. |
| O que ela faz (Rebeca/Mãe) | Fechou a porta.<br>A Mãe veio correndo da cozinha e pegou o buquê. Tinha um envelope preso no papel; a Mãe tirou depressa um cartão lá de dentro; leu. O telefone tocou; a Mãe largou tudo e foi atender.<br>Rebeca quis ler o cartão. |
| O que ela pensa e sente (Rebeca) | Mas estava escrito em língua estrangeira, era francês? |
| O que ela faz (Rebeca) | Olhou pra assinatura: Nikos. |
| O que ela pensa e sente (Rebeca) | Lembrou de uma voz estrangeira que andava telefonando, chamando a Mãe. |
| O que ela faz (Rebeca) | Botou devagarinho o cartão em cima do envelope; foi chegando disfarçado pra perto do telefone, sem tirar o olho da Mãe. Franziu a testa; |
| O que ela pensa e sente (Rebeca) | a Mãe estava parecendo nervosa, encabulada; mas muito mais bonita de repente! Rebeca foi se esquecendo de prestar atenção na língua estrangeira que a Mãe estava falando pra só ficar assim, olhando: curtindo a Mãe. |

## Produção de textos

### Texto 1

Acrescente à parte **A** as frases da parte **B** onde você julgar adequado.

| Parte A – O que a personagem faz (mundo exterior) | Parte B – O que a personagem pensa (mundo interior) |
|---|---|
| Roberto chegou diante do espelho. Mexeu no cabelo.<br><br>Colocou o blusão vermelho. Virou-se de lado e ergueu a cabeça. Resolveu abotoar o blusão. Arrumou a gola da camisa e saiu para a festa.<br><br>Foi até o carro, tentou ligá-lo, mas percebeu que estava sem gasolina. | Nada mal.<br><br>Ia chegar abafando na festa.<br><br>Não gostou.<br><br>Parecia velho.<br><br>Então, ia sem blusão.<br><br>Mas estava frio.<br><br>Assim está melhor.<br><br>Não pode ser, é muita falta de sorte.<br><br>Vou ter que pedir uma carona para o Eduardo. Será que ele já foi para a festa? Espero que não. |

### Texto 2

Juntando as frases das partes **A**, **B** e **C**, você vai obter um texto que acompanha a personagem sob três perspectivas: o que ela faz, fala e pensa. Não se esqueça de criar um título para o texto.

| Parte A<br>O que a personagem faz |
|---|
| Cláudio está assistindo à aula. A professora escreve na lousa. Ele presta atenção na conta de matemática: "Numa fazenda, há 50 bois e..."<br><br>O menino levanta meio sem jeito. Olha para os lados. Tropeça na carteira, quase cai e chega até a lousa.<br><br>Ele passa a mão na cabeça. Olha os números.<br><br>Não ouviu direito o que a professora disse. Foi para o seu lugar. Sentou-se triste e pensativo. |

## Parte B
### O que a personagem fala

A professora fala:

— Venha até a lousa, Cláudio!

— Faça a conta, Cláudio!

— Vamos, faça logo esta conta.

— Não sei, prô.

— Você não entendeu?

É que estou com um pouco de dor de cabeça. Desculpe por não ter prestado atenção, prô.

— Pode sentar, Cláudio.

— Você quer ir até a enfermaria? Seria bom tomar algum remédio para essa dor de cabeça.

— Vou esperar um pouco. Se não melhorar, vou até lá.

## Parte C
### O que a personagem pensa

Que gostoso correr no pasto da fazenda. Andar a cavalo, tirar leite...

O que ele vai falar para a professora? Vai dizer que não prestou atenção? Não, isso não!

Como se faz esta conta? Mas por que não prestou atenção?

Por que tinha de ficar pensando nos bois da fazenda?

Seria bem melhor estar na fazenda!

# Ficha 7 — PENSAMENTOS DA PERSONAGEM

Autor(a): _____  Data: ___/___/___

**Texto 1**

Escreva o texto intercalando nas frases da parte **A** as frases da parte **B**. Não se esqueça do título.

### Avaliação coletiva

Compare sua versão da história com a de seus colegas. Após esse primeiro momento, verifique se as diferenças interferiram no sentido do texto.

**Texto 2**

Escreva o texto intercalando nas frases da parte **A** as frases das partes **B** e **C**. Lembre-se do título.

### Avaliação coletiva

Compare sua versão da história com a de seus colegas. Depois, verifiquem se as diferenças interferiram no sentido do texto.

# 8 SEQUÊNCIA DOS FATOS

Os fatos de uma história são organizados em três momentos: começo, meio e fim.

Mas o autor não precisa necessariamente contá-los nessa ordem. Ele pode mudar a sequência dos fatos por vários motivos. Um deles é criar suspense.

Vamos observar, no texto seguinte, como a autora produziu esse efeito.

## O sonho mais sonhado

O sol derramou-se na peneira. Gema bruta lumiava no cascalho.

Num rodopio, Xisto deu as costas aos outros garimpeiros: "Puxa vida, que bitelona!". Trêmulo, limpou-a na tanga: "Ôôô sonho mais sonhado!".

— Vou no mato! – saindo do rio, gritou para os companheiros.

As pernas bambas, subiu a barranca. A pedra queimando na mão. Correu até o cavalo. O freio: "Se alcançasse o Arraial. Uma beira de caminhão. A fuga... A riqueza...".

De repente, uma peixeira varou-lhe o coração, fria como a pedra que trancou entre os dedos. Gritou.

E o próprio grito acordou-o. Acordou a companheirada.

A luz do lampião. Estremunhados. Revoltados. Sentados na pobreza daquele barraco de sonhos, Urias cutucando-lhe o peito:

— Não te falei, Xisto? Te avisei: pepino na janta dá pesadelo, sô!

Lucília Junqueira de Almeida Prado. *Depois do aguaceiro*. Rio de Janeiro/São Paulo: Record.

## Estudo do texto

Ao escrever uma história, o autor procura atrair e prender a atenção do leitor.

Para conseguir isso, faz uso de alguns recursos. Vamos descobrir qual foi o recurso utilizado pela autora do texto "O sonho mais sonhado".

Antes de começar a escrever, o autor planeja o roteiro da história. No texto lido, o roteiro poderia ser este:

| ROTEIRO | Xisto era um garimpeiro. Um dia ele sonhou que encontrou uma grande pedra preciosa. Ao tentar fugir com ela, uma peixeira varou-lhe o coração. Gritou e acordou com o próprio grito. |
|---|---|

Esse roteiro pode ser dividido em três partes.

| Começo | Xisto era um garimpeiro. |
|---|---|
| Meio | Um dia ele sonhou que encontrou uma grande pedra preciosa. Ao tentar fugir com ela, uma peixeira varou-lhe o coração. |
| Fim | Gritou e acordou com o próprio grito. |

Para criar suspense, a autora omitiu o fato de que os acontecimentos relatados eram, na verdade, um sonho. O leitor só descobre isso no final da história.

Um bom escritor não revela para o leitor, logo no começo da história, tudo sobre a personagem ou os fatos. Ele conta detalhes que gradativamente vão ajudando o leitor a construir a história na imaginação.

## Produção de textos

Antes de escrever sua história, pense no roteiro. Oferecemos duas sugestões.

### Sugestão 1

Você pode escrever uma história com base neste roteiro:

> Paula, 18 anos, vive com a mãe. E não conhece o pai. Viu apenas algumas fotos e tem informações imprecisas sobre ele. Numa reportagem de TV, vê o pai e descobre onde ele mora. Decide encontrá-lo. Prepara-se para a viagem em segredo. Parte de ônibus sem que a mãe saiba. Chega à cidade onde o pai mora. Vê a casa. Toca a campainha e...

### Sugestão 2

Reúna-se com três colegas e criem o roteiro de uma história. Esses roteiros deverão ser colocados numa caixa. Depois, cada grupo sorteia um roteiro diferente e escreve uma história com base nele.

# Ficha 8 — SEQUÊNCIA DOS FATOS

Autor(a): _____ Data: ___/___/___

## Planejamento

O roteiro da história você já tem. Para organizar os dados desse roteiro e contar sua história, especifique narrador, personagem, lugar e sequência.

1. **Narrador**: quem vai contar a história (narrador-personagem ou narrador-observador).

_____
_____

2. **Personagem(ns)**: quem é(são) e suas características.

_____
_____

3. **Lugar**: onde se passa a história.

_____
_____

4. **Sequência**: a ordem dos fatos que serão contados para o leitor.

_____
_____
_____
_____

## Escrita

Não conte de uma vez para o leitor tudo sobre a(s) personagem(ns) ou os fatos. Revele-os aos poucos, por meio de uma lembrança, uma fala, uma descrição etc.

_____
_____
_____
_____
_____
_____

Oficina de escritores • 6º ano • Projeto B: No mundo da ficção

## Revisão

Ao reler e revisar seu texto, verifique se, além de contar o que a(s) personagem(ns) faz(em) e fala(m), você também revela o que ela(s) pensa(m) e sente(m). Verifique se sua história prende a atenção do leitor. Observe o que poderia acrescentar, eliminar ou substituir para deixar a história mais envolvente. Para os demais aspectos, guie-se pelo **Roteiro de revisão**.

| Roteiro de revisão | Avaliação do autor do texto | | Avaliação do leitor | |
|---|---|---|---|---|
| | SIM | NÃO | SIM | NÃO |
| **Gênero textual** | | | | |
| 1. A organização e a sequência dos fatos atraem o interesse do leitor? | | | | |
| 2. Além das ações, o texto revela o que a(s) personagem(ns) pensa(m) e sente(m)? | | | | |
| **Organização do texto** | | | | |
| 1. O texto atende à proposta? | | | | |
| 2. Os fatos são apresentados numa sequência coerente? | | | | |
| 3. Predomina uma ideia central no texto? | | | | |
| **Organização da frase** | | | | |
| 1. As frases estão claras? | | | | |
| 2. O vocabulário empregado está adequado e preciso? | | | | |
| 3. Não há repetição desnecessária de palavras? | | | | |
| **Adequação à norma-padrão** | | | | |
| 1. As palavras estão escritas corretamente? | | | | |
| 2. Os sinais de acentuação são usados adequadamente? | | | | |
| 3. Os sinais de pontuação são utilizados de modo correto? | | | | |
| **Edição do texto** | | | | |
| 1. A letra está legível? | | | | |
| 2. As margens estão regulares? | | | | |
| 3. Há espaço para indicar o início dos parágrafos? | | | | |
| 4. Não há rasuras no texto? | | | | |

Comentários do leitor (colegas e/ou professor):

_____
_____
_____
_____

Autor(a): _____

## Reescrita

## Edição final

Prepare o texto para ser editado em seu livro de histórias. Para isso, escreva-o, distribuindo-o na página, e faça uma ilustração para ele.

# 9 CONTO POPULAR

Existe um tipo de narrativa criada pelo povo e transmitida por meio da linguagem oral entre as gerações. Trata-se dos contos populares, histórias antigas com temas variados que revelam a criatividade do povo brasileiro.

Leia o conto a seguir, que tem como personagem principal Pedro Malasartes, presente em contos populares de Portugal e da Espanha e que chegou ao Brasil por meio da tradição oral.

## Pedro Malasartes e a sopa de pedras

Pedro Malasartes, um caipira danado de esperto, estava morto de fome e sem dinheiro algum. Precisava arranjar alguma ocupação que lhe desse o dinheiro suficiente para conseguir comprar comida.

Cansado de perambular em Porrete Armado, o nome do lugarejo em que se encontrava, decidiu parar e descansar na porta de um pequeno armazém de secos e molhados; desses encontrados no interior e onde é possível comprar de tudo que se pode imaginar.

Pegou sua viola e começou a cantar uma moda, na esperança de que alguém lhe desse alguns trocados. Mas além de nada conseguir, os fregueses que bebiam no balcão quase o expulsaram por "incomodar" sua conversa. Eles conversavam sobre uma senhora, Dona Agromelsilda, moradora da região e que era conhecida por sua excessiva avareza.

A conversa caminhava assim:

— Gente, vocês não imaginam como é "unha de fome" aquela Dona Agromelsilda, que mora para os lados do estradão da Grota Funda!

Disse o dono do armazém.

— Unha de fome é pouco! Aquela velha é capaz de não comer banana só pra não ter que jogar a casca fora. Completou o segundo, um dos fregueses que bebiam na venda.

Um terceiro freguês afirmou:

— Aquela velha é tão "pão dura" que nem comida para os coitados dos cachorros ela dá. Os bichinhos estão todos passando fome. Magros, magros de dar dó. Acho até que o estômago deles já encostou nas costelas.

— Está para nascer o homem que conseguirá tirar alguma coisa daquela velha. Duvido que alguém consiga esta proeza.

— Nunca vi coisa assim nesses anos que moro aqui em Porrete Armado. E olha que eu já vi coisas com esses olhos que a terra há de comer. Terminou o dono do armazém.

Pedro decidiu que era hora de agir, se quisesse comer e ganhar algum dinheiro. Era hora também de dar uma lição naquela velha que o tratara mal da outra vez em que passara por Porrete Armado. Dona Agromelsilda era conhecida pelos seus péssimos modos com as pessoas e acima de tudo por ser muquirana até o último fio de cabelo. Pedro disse:

— Eu aposto o que vocês quiserem como pra mim a velha vai dar alguma coisa de bom grado. E mais ainda: Ela mesma é quem vem aqui contar que me encheu de presentes.

— Você está ficando doido Pedro Malasartes? Aquela velha, além de não dar nada para ninguém [...]. Disse o dono do armazém.

— Não se preocupe com isso que é problema meu e eu sei como resolver; disse o Pedro. — Mas, se vocês duvidam do que eu disse, porque não apostam comigo como ela vai me encher de presentes e vem aqui contar para vocês?

O dono do armazém, rindo muito, respondeu:

— Se você conseguir esta proeza, com a velha lhe dando presentes e vindo aqui contar para nós, te dou todo o dinheiro que eu ganhar numa semana de trabalho.

Os outros dois fregueses, animados com a aposta "jogaram lenha na fogueira" e provocando Pedro Malasartes disseram:

— Nós dois também apostamos nossos ganhos da semana. Temos certeza de que a velha nem vai querer conversa com você. Muito menos te dar algo. Mas se conseguir ganhar e fazer com que ela venha nos contar, você ganha o dinheiro que nós conseguirmos nesta semana.

Uma dúvida, porém, surgiu e o dono do armazém, o mais malandro dos três, queria saber:

— Seu Pedro Malasartes, você ganhará nosso dinheiro de uma semana de serviço se conseguir que a velha lhe dê presentes e venha nos contar aqui no armazém, mas se você não conseguir o que nós três ganharemos? Pelo que sabemos você não tem nenhum dinheiro. Vai apostar o quê?

Pedro, muito convicto e com certeza da vitória, respondeu:

— Eu trabalharei de graça para vocês três. Uma semana na fazenda de um, outra semana na fazenda de outro e por fim uma semana em seu armazém. Combinado?

— Combinado. Responderam os três.

Pedro tratou de arranjar um panelão fundo, uma sacola, mais algumas coisinhas e partiu para a casa da velha a toda velocidade. Para ganhar uma aposta o malandro não poupava esforços e nem tinha preguiça.

Chegando perto da porteira da casa da velha, que morava numa enorme fazenda, Pedro fez um bom fogo, encheu o panelão com a água do riacho, e juntando muitas pedras do chão jogou-as na água. Depois ficou de olho no movimento da casa de Dona Agromelsilda.

Quando a velha abriu a janela do quarto e viu Pedro fazendo aquele fogareiro, na frente de sua fazenda, pensou:

— Mas o que será que aquele doido está fazendo na entrada das minhas terras? Vou lá ver.

Chegando ao local em que Pedro estava, perguntou muito irritada:

— Será que dá para o senhor explicar o que está pensando em fazer com todo este fogo na frente da porteira de minha fazenda?

Pedro, que estava de rabo de olho na velha, nem ligou para a malcriação e respondeu todo educado:

— Boa tarde minha Vó! Tudo bom com a senhora? Estou preparando uma deliciosa sopa de pedras.

— Sopa de pedras? Respondeu a velha.

— Isso mesmo. Uma deliciosa sopa de pedras, receita de minha finada mãe.

— E fica boa?

— Boa? Fica muito boa!

A Velha, sovina como era, pensou em tirar proveito. Pois se a sopa ficasse boa mesmo, e com a quantidade de pedras que tinha em suas terras, certamente não teria mais despesas com comida, pois comeria diversos pratos de pedra, que ela criaria: pedra assada, pedra frita, pedra cozida, pedra ralada, pedra refogada, pedra ensopada, escondidinho de pedra, pedra, pedra, pedra...

Fingindo-se muito educada a velha pediu:

— Meu filho, quando terminar você dá um pouco para eu experimentar?

— Claro minha Vó.

Assim, Pedro tratou de jogar mais lenha na fogueira e deixou as pedras cozinharem. Passada uma hora:

— Ô meu filho: Essa sopa sai ou não sai?

— Claro que sai minha Vó. Daqui a pouco está prontinha. É que leva um tempo para cozinhar direitinho as pedras. Mas se a senhora tivesse uns legumes para colocar na sopa ela ficava melhor ainda. Umas cenouras, umas batatas, umas mandioquinhas, umas abobrinhas, umas beterrabas...

A velha, faminta como estava, nem pensou duas vezes e disse:

— Eu tenho estes legumes todos na horta de casa. Espere um pouco, que eu já volto. E tratou de entrar em casa para colher os legumes pedidos pelo Pedro.

Pedro pensou:

— Ela caiu direitinho.

Minutos depois lá estava a velha:

— Pronto meu filho. Este tanto dá?

— Dá minha Vó.

Pedro recolheu os legumes que a velha trouxe. Colocou metade de tudo em sua sacola e a outra metade na sopa.

Passada mais uma hora, a velha com mais fome, perguntou:

— Mas meu filho, esta sopa sai ou não sai?

— Tá saindo minha Vó. Tá saindo. Mas a sopa ficaria tão boa se tivesse uma linguiça defumada, um paio e uma carninha seca para colocar.

A velha ansiosa disse:

— Eu tenho tudo isso em casa. Vou lá buscar. E tratou de buscar tudo o que foi pedido.

Quando voltou entregou ao Pedro que, novamente, separou dois montes, colocando metade na sopa e a outra metade em sua sacola.

Mais uma hora e a velha já estava verde de fome, quase desmaiando. Isso sem falar na fazenda que estava na maior bagunça com as vacas sem ordenha, os bezerros sem leite, as galinhas sem os ovos recolhidos.

A velha então perguntou:

— Menino! Esta sopa não fica pronta nunca?

— Tá quase minha Vó. Se a senhora tivesse uns temperos ficaria melhor ainda. Um pouco de sal, pimenta do reino, alho, azeite, açafrão, coloral, cheiro verde, cebolinha...

Lá foi a velha buscar os temperos pedidos.

Quando voltou, tudo se repetiu: Metade foi para a sopa e metade foi para a sacola do Pedro.

Depois de mais uma hora, com a velha quase desmaiando:

— Meu filho, se esta sopa não sair agora eu desmaio de fome!

— Tá prontinha minha vó. A senhora tem uns pratos para poder servir?

A velha saiu como um raio para dentro da casa e mais rápido ainda voltou com os pratos e colheres.

Pedro pegou o prato da velha e encheu de pedras. Quanto ao seu prato, colocou as partes boas da sopa e poucas pedras. Sentou num canto e quando foi comer uma colherada de pedras de seu prato, jogou todas elas fora.

A velha que estava tentando mastigar as pedras, quase quebrando os dentes, não acreditou no que viu o Pedro fazer. Então perguntou:

— Meu filho, você não vai comer as pedras não?

E Pedro, que já havia planejado isto também, respondeu com a maior cara de pau:

— Comer pedra minha vó? Tá doida é? Se eu comer estas pedras todas vou acabar quebrando os dentes.

Ao dizer isto pegou sua sacola, com as coisas dadas pela velha, e saiu fugindo sem olhar para trás, pois ouvia os berros indignados dela correndo atrás do malandro.

Quando chegou ao armazém, os três amigos da aposta não acreditaram na história de Pedro. Só tiveram a confirmação de tudo o que o Pedro dissera quando a velha chegou ao armazém contando que dera para Pedro uma porção de coisas para fazer uma sopa de pedras, mas que era na verdade uma sopa de legumes com os ingredientes que ela colheu de sua horta e pertences de sua casa.

Assim que a velha saiu, Pedro cobrou a aposta e tratou de se mandar.

Dizem que está andando pelo mundo até hoje, aprontando e dando golpes nos que tentam enganá-lo.

Luís da Câmara Cascudo. *Contos tradicionais do Brasil*. São Paulo: Global, 2003.

## Estudo do texto

É importante ressaltar que os contos populares, cujos autores são desconhecidos, não eram originalmente escritos, mas contados por meio da tradição oral. Porém, hoje é possível encontrar diversas versões dessas histórias em livros escritos por autores que decidiram registrá-las.

1. Assinale **V** para verdadeiro e **F** para falso.

    ☐ O narrador é personagem.

    ☐ O narrador é observador.

    ☐ Agromelsilda é a personagem principal da história.

    ☐ Pedro Malasartes é a personagem principal da história.

2. Marque a alternativa que apresenta a temática presente no conto.

    ☐ A vida triste e solitária de um andarilho.

    ☐ As maldades realizadas por uma senhora egoísta.

    ☐ As artimanhas de um sujeito espertalhão.

    ☐ Os acontecimentos inusitados de Porrete Armado.

3. Observe a seguir duas características humanas. Atribua tais características às personagens da história e justifique sua escolha.

    Avareza – _____

    _____

    _____

    Malandragem – _____

    _____

    _____

## Produção de textos

Antes de escrever sua história, você escolherá a personagem principal. A seguir, oferecemos algumas sugestões de personagens típicas do folclore brasileiro. Leia sobre suas principais características e marque aquela escolhida por você.

☐ **Saci**: duende arteiro, de pele escura e de uma perna só que vive aprontando travessuras. Criatura da noite, é muito veloz e tem o poder de ficar invisível sempre que necessário. Seu gorro vermelho é o artefato que lhe dá poderes incríveis.

☐ **Iara**: canta e encanta os homens que pescam. Atraídos por sua bela voz, eles remam em sua direção e se deparam com uma linda sereia indígena, de longos cabelos negros. Apaixonados, pulam no rio, de onde não voltam mais.

☐ **Curupira**: de cabelos vermelhos cor de fogo e com pés virados para trás, é o guardião da floresta, já que vive nas matas protegendo as plantas e os animais. Para confundir aqueles que o perseguem, usa assovios e gritos, fazendo-os se perderem na floresta.

☐ **Boto cor-de-rosa**: aparece durante as festas juninas transformando-se em um rapaz vestido de branco e com chapéu para cobrir, em sua cabeça, a grande narina que não desaparece com a transformação. Galanteador, o boto transformado seduz as moças desacompanhadas, levando-as para o fundo do rio.

☐ **Boitatá**: grande serpente de fogo, com olhos brilhantes, que desliza à noite pelas campinas e na beira dos rios. Protetora das florestas e dos animais, transforma-se em um tronco em chamas com o intuito de enganar e queimar invasores e destruidores de florestas. Acredita-se que a pessoa que olhar o Boitatá pode morrer ou ficar cega e louca.

☐ **Cuca**: versão feminina do bicho-papão, costuma pegar crianças que não gostam de dormir. Pode aparecer com cara de jacaré e unhas imensas. Seu grito é tão alto que pode ser ouvido a quilômetros de distância. Dorme uma vez a cada sete anos.

☐ **Lobisomem**: homem que se transforma em lobo em noites de lua cheia e sai em busca de pessoas para matá-las. Aqueles que são mordidos por ele e sobrevivem transformam-se em lobisomens pouco tempo depois. Só pode ser morto com uma bala de prata ou com objetos cortantes feitos também com prata.

☐ **Mula sem cabeça**: jovem mulher que se transforma em mula sem cabeça nas noites de quinta para sexta-feira. De cor marrom ou preta, solta fogo pelo pescoço, atacando quem cruzar seu caminho. Possui nos cascos ferraduras que podem ser de aço ou prata. Volta a ser uma jovem quando ouve um galo cantar pela terceira vez na manhã de sexta-feira.

# Ficha 9 — CONTO POPULAR

Autor(a): _____ Data: ___/___/___

## Planejamento

Para organizar os dados necessários para você contar sua história, especifique narrador, personagens, lugar e sequência de acontecimentos.

1. **Narrador**: quem vai contar a história.

_____
_____

2. **Personagens**: quem são e suas características.

_____
_____

3. **Lugar**: onde se passa a história.

_____
_____

4. **Sequência**: ordem dos fatos que serão contados para o leitor.

_____
_____
_____
_____

## Escrita

Agora você reunirá os dados selecionados na etapa anterior e contará sua história envolvendo uma das personagens sugeridas. Não conte de uma vez para o leitor tudo sobre a personagem ou os fatos. Revele-os aos poucos, por meio de uma lembrança, uma fala, uma descrição etc.

_____
_____
_____
_____
_____

## Revisão

Ao reler e revisar seu texto, verifique se, além de contar o que a personagem faz e fala, você também revela o que ela pensa e sente. Verifique se sua história prende a atenção do leitor. Observe o que poderia acrescentar, eliminar ou substituir para envolver ainda mais o leitor na história. Para os demais aspectos, guie-se pelo **Roteiro de revisão**.

| Roteiro de revisão | Avaliação do autor do texto | | Avaliação do leitor | |
|---|---|---|---|---|
| | SIM | NÃO | SIM | NÃO |
| **Gênero textual** | | | | |
| 1. A organização e a sequência dos fatos atraem o interesse do leitor? | | | | |
| 2. Além das ações, o texto revela o que a(s) personagem(ns) pensa(m) e sente(m)? | | | | |
| **Organização do texto** | | | | |
| 1. O texto atende à proposta? | | | | |
| 2. Os fatos são apresentados numa sequência coerente? | | | | |
| 3. Predomina uma ideia central no texto? | | | | |
| **Organização da frase** | | | | |
| 1. As frases estão claras? | | | | |
| 2. O vocabulário empregado está adequado e preciso? | | | | |
| 3. Não há repetição desnecessária de palavras? | | | | |
| **Adequação à norma-padrão** | | | | |
| 1. As palavras estão escritas corretamente? | | | | |
| 2. Os sinais de acentuação são usados adequadamente? | | | | |
| 3. Os sinais de pontuação são utilizados de modo correto? | | | | |
| **Edição do texto** | | | | |
| 1. A letra está legível? | | | | |
| 2. As margens estão regulares? | | | | |
| 3. Há espaço para indicar o início dos parágrafos? | | | | |
| 4. Não há rasuras no texto? | | | | |

Comentários do leitor (colegas e/ou professor):

_____
_____
_____

Autor(a): _____

Oficina de escritores • 6º ano • Projeto B: No mundo da ficção

## Reescrita

_____

## Edição final

Prepare o texto para ser editado em seu livro de histórias. Para isso, escreva-o, distribuindo-o na página, e faça uma ilustração para ele.

# 10 TEXTO TEATRAL

Há um tipo de texto escrito para ser encenado: é o texto teatral. Costuma pertencer ao gênero narrativo, apresentando enredo, personagens, tempo e espaço.

Leia o texto teatral a seguir.

## Zé Betovi e Nhô Mozarte

*Entra Nhô Mozarte com seu livro embaixo do braço olhando em sua volta e fala em voz alta:*

Nhô Mozarte: Aqui está bem mais tranquilo. Pelo menos não tem nenhuma obra por perto, com aquele barulho danado das máquinas eu não estava conseguindo me concentrar.

*(Em seguida se senta no banco da praça e começa a ler).*

Zé Betovi: Tchau mãe, tô indo lá na praça tocar um pouco.

*(Zé Betovi caminha em direção à praça com seu violino na mão e resolve se sentar perto de uma árvore, pois o calor estava muito grande naquele dia. Nem notou a presença de Nhô Mozarte sentado no banco entretido, lendo seu livro e começa a tocar. Quando Nhô Mozarte escuta a música, para de ler e procura ver de onde vem aquele som. Avista Zé Betovi sentado tocando. Então se levanta devagar procurando não fazer barulho, e vai em direção a ele. Quando Zé Betovi acaba de tocar aplaude com entusiasmo, e diz:*

Nhô Mozarte: Bravo, meu jovem! Que maravilha! Estou admirado de ver um garoto de sua idade tocando violino. E um instrumento que não é fácil. Os jovens assim como você, principalmente nos dias de hoje, preferem as guitarras, baterias, violão.

Zé Betovi: Obrigado. É mesmo... Eu também gosto dos outros instrumentos. Tenho violão e teclado e toco de vez em quando, mas o meu preferido mesmo é esse aqui *(mostra o violino)*.

Nhô Mozarte: Um artista completo! *(Admiração)* Então se você toca violino é porque aprecia a música clássica.

Zé Betovi: Gosto. E nem tinha como eu não gostar. Lá em casa tanto meu pai como minha mãe adoram. Na verdade, eu cresci ouvindo. Meu avô, o pai de minha mãe, tocava muito bem de ouvido e nem sabia ler partitura.

Nhô Mozarte: E você? Toca de ouvido como seu avô?

Zé Betovi: Das duas formas. Minha mãe me colocou em aulas de música desde que eu era bem pequeno. Ela achou que ia ser bom pra mim. E quando eu fiz seis anos escolhi o violino.

Nhô Mozarte: Sua mãe fez muito bem. A música é importante na vida de todo mundo. Ela nos ajuda em tantas coisas... Mas me diga meu rapaz, você sabe quem é o autor da música que estava tocando há pouco?

Zé Betovi: Villa Lobos.

Nhô Mozarte: Isso mesmo. E o nome completo dele era "**Heitor Villa-Lobos**". E foi o maior expoente da música do modernismo no Brasil. Em **1905 até 1912** ele fez umas viagens pelo norte e nordeste do país e ficou impressionado com as coisas que viu. Como vários tipos de instrumentos, cantigas de roda, repentistas, sons dos pássaros...

Zé Betovi: Imagine quanta coisa ele deve ter visto e aprendido por esse Brasil afora...

Nhô Mozarte: Sem dúvida. Uma grande experiência na vida musical dele. Não é à toa que foi tão importante e se tornou um grande compositor e maestro. Mas me diga uma coisa... Conversamos tanto e nem sei o seu nome.

Zé Betovi: José Bento... Mas pode me chamar de Zé Betovi. Um primo meu que colocou esse apelido e eu gostei, daí todo mundo me chama assim. Na época eu tinha uns nove anos.

Nhô Mozarte: E esse seu primo deve ser um admirador do grande **Ludwig Van Beethoven**...

Zé Betovi: Acho esse nome difícil de falar... Deve ser porque ele era alemão.

Nhô Mozarte: E a Alemanha é um país de grandes nomes da música clássica. E tem mais, o pai de Beethoven era músico, e queria que ele também fosse, por isso o obrigava a estudar durante horas por dia.

Zé Betovi: Coitado! E estudando tanto assim ainda tinha tempo pra brincar e fazer as coisas que toda criança faz?

Nhô Mozarte: Se tinha tempo para brincar eu não sei... Mas que tinha que estudar muito, ah isso tinha... Você imagine que com dez anos já ajudava no sustento da casa com a música. Mas quando ele fez 26 anos teve um problema sério de saúde. Parece que pegou um vírus que o deixou surdo.

Zé Betovi: Então ele teve que parar de tocar?

Nhô Mozarte: Não. Apesar de ter sofrido e ficado muito desanimado, inclusive por conta disso quase ter feito uma loucura em sua vida, por amor à música continuou assim mesmo. E compôs uma de suas mais conhecidas obras: a nona sinfonia (linda!).

Zé Betovi: Também acho. Eu sei tocar, quer ouvir?

*(Nhô Mozarte na mesma hora balança a cabeça gostando da ideia e pede ao garoto para tocar um trecho da sinfonia. Zé Betovi começa a tocar enquanto Nhô Mozarte escuta. Quando Zé Betovi acaba Nhô Mozarte bate palmas com entusiasmo)*

Nhô Mozarte: Parabéns! Tocou muito bem, Zé Betovi.

Zé Betovi: Obrigada. O senhor perguntou meu nome e nem sei o seu.

Nhô Mozarte: Pode me chamar de Nhô Mozarte.

*(Zé Betovi dá risada e repete em voz alta o nome que acabara de ouvir)*

Zé Betovi: **N-H-Ô-M-O-Z-A-R-T- E**... Já sei! Já sei! Esse apelido alguém te botou pra homenagear Mozart. Acertei?

Nhô Mozarte: Isso é óbvio. Mas deixa eu te contar a história. Meu nome mesmo não tem nada a ver: **Clariovaldo Justino da Luz**. Quando eu era menino, acho que na época eu tinha uns onze anos, assim como seus pais, os meus também adoravam música clássica e ouvíamos muito lá em casa. Cresci nesse ambiente e Mozart era meu preferido. Eu me lembro que eu gostava de pegar uma caneta ou qualquer objeto que se parecesse com uma batuta e fingia que estava regendo uma orquestra *(REGENDO)*. Então como minha voz era bonita, meus pais me colocaram para cantar no coral da igreja. Depois fui tocando em casamento, festas e daí um dos meus amigos brincando me chamou um dia de **Nhô Mozarte**, gostaram, desde então, só me chamam assim.

Zé Betovi: *(rindo)* Ficou engraçado esse apelido e combinou com você (hi hi). Nhô Mozarte, eu não lembro, Mozart nasceu na Alemanha também?

Nhô Mozarte: Não. Na Áustria. E assim como você foi estimulado pelos pais a estudar música. Aprendeu violino e cravo. Quando fez cinco anos já fazia turnê pela Europa.

Zé Betovi: *(Espantado)* Nossa! Tão pequeno assim... *(Olha pro público e diz: E eu só fiz com 14 anos, fui para os Estados Unidos).*

Nhô Mozarte: Pra você ver como ele era um gênio. E compôs mais de seiscentas obras. E isso porque morreu cedo demais apenas com 35 anos.

Zé Betovi: Imagine se ele vivesse mais tempo ia compor muito mais que isso.

Nhô Mozarte: Com certeza, meu filho. Tem outra coisa importante que muitas pessoas não sabem, Beethoven compôs suas obras seguindo os passos de Mozart.

Zé Betovi: Legal! Mais uma coisa interessante que eu aprendi hoje com o senhor. Tô adorando conversar e saber tanta coisa, mas tenho que voltar pra casa.

Nhô Mozarte: Que pena! Nossa conversa está tão agradável.

Zé Betovi: Também acho....mais antes queria te falar sobre uma ideia que veio na minha cabeça enquanto a gente estava conversando.

Nhô Mozarte: (Curioso) Ideia??????

Zé Betovi: Sabe o que é? Pensei assim , Nhô Mozarte canta, tem voz bonita, eu toco e canto também, de repente e porque não formarmos uma dupla?

Nhô Mozarte: (Espantado) Dupla? Nós dois? Dessas que tem por aí?

Zé Betovi: Sim...parecida com essas ... Só que a nossa vai ser melhor que todas (rindo). Eu toco, você canta, eu canto, nós dois cantamos...

Nhô Mozarte: Sabe que essa sua ideia (apesar de meio atrapalhada) pode ser muito divertida pra gente...

Zé Betovi: Então Nhô Mozarte. Vai topar?

Nhô Mozarte: Está certo. Topo sim. Vai ser um prazer tê-lo como parceiro.

Zé Betovi: Legal! Legal! Bati aqui parceiro. Agora vou ter que ir mesmo.

Há sim....antes vem cá pra eu te mostrar onde eu moro(Pega Nhô Mozarte pelo braço e aponta sua casa), moro ali ó, naquela casa amarela do lado da farmácia.

Nhô Mozarte: Há sim. Estou vendo. Aquela de porta branca....

Zé Betovi: Isso. Apareça hoje lá em casa umas cinco horas se puder...a gente pode conversar mais sobre essa ideia e aproveito e te apresento ogo pros meus pais. Minha mãe vai gostar de conhecer você.

Marluzi Moreira de Carvalho. Teatro na escola. Disponível em: https://www.teatronaescola.com/index.php/banco-de-pecas/item/ze-betovi-e-nho-mozarte. Acesso em: 15 abr. 2020.

## Estudo do texto

Geralmente, os textos teatrais não apresentam narrador, já que são produzidos para serem representados e não contados. Por isso, as personagens dialogam em discurso direto. Os textos desse gênero contêm **rubricas**, marcações que indicam local da cena, tempo, movimentos e reações das personagens. O texto pode ainda estar dividido em **atos**, que indicam os diferentes momentos da ação.

1. De que forma são indicadas, no texto, as falas das personagens?

   _____

2. Ao longo do texto, observam-se diversos comentários – as rubricas – que ajudam a compor as cenas. Como esses comentários aparecem?

   _____

3. Localize, no texto, comentários (rubricas) que indicam:

   a) reações das personagens.

   _____

   b) movimentação das personagens.

   _____

   c) lugar onde transcorre a cena.

   _____

   d) conversa com o público.

   _____

## Produção de textos

Escreva um texto teatral sobre algo engraçado que aconteceu com você, um amigo ou um familiar. Você também pode inventar uma história. Mãos à obra!

# Ficha 10

## TEXTO TEATRAL

Autor(a): _____ Data: ___/___/___

### Planejamento

Antes de começar a escrever seu texto teatral, defina personagens, lugar e sequência de acontecimentos.

1. **Personagens**: características físicas e psicológicas.
_____
_____

2. **Lugar**: onde se passa a história.
_____
_____

3. **Sequência**: história que será contada para o leitor.
_____
_____
_____
_____

### Escrita

Reúna, agora, as informações listadas para contar sua história. Como no texto teatral não há narrador, lembre-se de que as ações e reações das personagens devem vir nas rubricas.
_____
_____
_____
_____
_____
_____
_____
_____

Oficina de escritores • 6º ano • Projeto B: No mundo da ficção

## Revisão

Ao reler e revisar seu texto, verifique se o leitor o compreende satisfatoriamente: está claro o lugar em que se passa a história? As ações e reações das personagens estão definidas? Observe o que você poderia acrescentar, eliminar ou substituir para envolver ainda mais o leitor na história. Para os demais aspectos, guie-se pelo **Roteiro de revisão**.

| Roteiro de revisão | Avaliação do autor do texto | | Avaliação do leitor | |
|---|---|---|---|---|
| | **SIM** | **NÃO** | **SIM** | **NÃO** |
| **Gênero textual** | | | | |
| 1. A organização e a sequência dos fatos atraem o interesse do leitor? | | | | |
| 2. Além das ações, o texto revela o que a personagem pensa e sente? | | | | |
| **Organização do texto** | | | | |
| 1. Os fatos são apresentados em uma sequência coerente? | | | | |
| 2. Predomina uma ideia central no texto? | | | | |
| **Organização da frase** | | | | |
| 1. As frases estão claras? | | | | |
| 2. O vocabulário empregado está adequado e preciso? | | | | |
| 3. Não há repetição desnecessária de palavras? | | | | |
| **Adequação à norma-padrão** | | | | |
| 1. As palavras estão escritas corretamente? | | | | |
| 2. Os sinais de acentuação são usados de modo adequado? | | | | |
| 3. Os sinais de pontuação são usados corretamente? | | | | |
| **Edição do texto** | | | | |
| 1. A letra está legível? | | | | |
| 2. É possível diferenciar as rubricas das falas das personagens? | | | | |
| 3. Não há rasuras no texto? | | | | |

Comentários do leitor (colegas e/ou professor):

_____

_____

_____

_____

_____

Autor(a): _____

## Reescrita

## Edição final

Prepare seu texto teatral para ser editado e publicado em seu livro de histórias. Para isso, escreva-o, distribuindo-o na página, destacando as rubricas com cor diferente.

# 11 HISTÓRIA EM QUADRINHOS

A história em quadrinhos (ou HQ) é uma narrativa que usa desenhos e, geralmente, palavras (que aparecem em balões). Leia a história em quadrinhos a seguir.

**QUESTÃO DE (PONTO DE) VISTA.**

TRiiiM

Eu odeio o barulho desse despertador.

Tchau, mãe!
Tchau, filho!!

Ahh! Não suporto lugar cheio...

Mônica Chan

Projeto B • No mundo da ficção 133

Tenho pavor de muvuca!
Quero paz...
Por favor, a Ana está? Diz que é o Rodrigo...
Oi! Vamos lá?
Claro! A turma está esperando.
Fila! Fila é totalmente estressante! E esse blá-blá-blá? Não vejo a hora disso acabar!
Chegou nossa vez! Vamos entrar!
Enfim, paz!
Mônica Chan

## Estudo do texto

A história em quadrinhos é conhecida como arte sequencial, pois é constituída de uma sucessão de quadros que costumam ser lidos da esquerda para a direita e de cima para baixo. Essa sequência de quadros conta uma história que se passa em determinado momento e lugar.

A linguagem das HQs costuma ser informal, semelhante à que usamos em nosso dia a dia. Além da linguagem, existem alguns recursos que ajudam a contar a história. São eles:

1. **Balões:** elementos característicos dos quadrinhos. Consistem em um espaço contornado por um fio preto direcionado para a boca das personagens, que muda de formato de acordo com o que se deseja expressar: fala, pensamento ou emoções. Observe a seguir alguns tipos de balões.

    a) **Balão de fala:** contorno em linha contínua com um rabicho reto.

    b) **Balão de pensamento:** contorno em forma de nuvem e o rabicho em forma de bolas.

    c) **Balão de grito:** contorno com traços pontiagudos.

2. **Onomatopeias:** palavras que procuram imitar na escrita certos sons ou ruídos. Exemplos: "Buááá", que indica choro, "toc toc", que representa o som da batida na porta.

3. **Sinais de pontuação:** recursos que demonstram o sentimento das personagens, como raiva, surpresa, alegria e tristeza. Exemplo: "Tenho pavor de muvuca!".

4. **Interjeições:** palavras ou expressões que traduzem emoções, sentimentos e sensações das personagens e costumam ser acompanhadas de ponto de exclamação. Exemplo: "Ahh!".

Complete o quadro abaixo com exemplos da HQ lida anteriormente.

| Recursos usados na HQ | Exemplos | Significados |
|---|---|---|
| Balão em forma de nuvem | | |
| Onomatopeia | | |
| Sinal de pontuação | | |
| Interjeição | | |

**2.** A história em quadrinhos, como toda narrativa, apresenta enredo, personagens, tempo e lugar. Com base na HQ lida, responda:

**a)** Qual é o enredo?

_____

_____

_____

**b)** Quais são as personagens?

_____

_____

**c)** Quando se passa a história?

_____

_____

**d)** Por quais lugares o protagonista passou?

_____

_____

**3.** Observe o título da HQ e responda: de que forma ele se relaciona com a história contada?

_____

_____

_____

**4.** Outro recurso comum em HQs é a quebra de expectativa, que ocorre quando um fato inesperado é apresentado. Tal recurso foi usado na HQ lida? Em caso afirmativo, de que forma isso ocorreu?

_____

_____

_____

## Produção de textos

Crie uma história em quadrinhos sobre algo que aconteceu com você ou com algum amigo.

Antes de começar sua HQ, defina as personagens, o lugar onde se passa a história e a sequência dos acontecimentos.

# Ficha 11 — HISTÓRIA EM QUADRINHOS

Autor(a): _____  Data: ___/___/___

## Planejamento

Antes de começarmos, vamos definir, a seguir, os elementos centrais da história que você contará.

1. **Personagens**: quem são e suas características.

_____

_____

2. **Lugar**: onde se passa a história.

_____

_____

3. **Enredo**: sequência dos fatos que serão contados para o leitor.

_____

_____

_____

Agora você usará a definição das personagens feita no item 1 para desenhá-las no espaço abaixo.

|   |   |   |
|---|---|---|
|   |   |   |

Lembre-se de que as falas das personagens devem vir dentro de balões. Vamos relembrar o desenho de três tipos diferentes de balões.

| Balão de fala | Balão de grito | Balão de pensamento |
|---|---|---|

Oficina de escritores • 6º ano • Projeto B: No mundo da ficção

## Escrita

Agora você reunirá as informações anotadas na etapa de Planejamento para contar sua história. Lembre-se de usar recursos como as onomatopeias, as interjeições e os sinais de pontuação para dar expressividade ao seu texto.

_____
_____
_____
_____
_____
_____
_____
_____
_____
_____
_____
_____
_____
_____
_____
_____
_____
_____
_____
_____
_____
_____
_____
_____
_____
_____
_____

## Revisão

Ao reler e revisar seu texto, verifique se falas e desenhos são apresentados com coerência. Verifique também se sua história surpreende o leitor. Observe o que você poderia acrescentar, eliminar ou substituir para envolver ainda mais o leitor na história. Para os demais aspectos, guie-se pelo **Roteiro de revisão**.

| Roteiro de revisão | Avaliação do autor do texto | | Avaliação do leitor | |
|---|---|---|---|---|
| | SIM | NÃO | SIM | NÃO |
| **Gênero textual** | | | | |
| 1. A organização e a sequência dos fatos atraem o interesse do leitor? | | | | |
| 2. Os recursos, como balões, onomatopeias e sinais de pontuação, foram usados adequadamente? | | | | |
| **Organização do texto** | | | | |
| 1. O texto atende à proposta? | | | | |
| 2. Os fatos são relatados em uma sequência coerente? | | | | |
| 3. Predomina uma ideia central no texto? | | | | |
| **Organização da frase** | | | | |
| 1. As frases estão claras? | | | | |
| 2. O vocabulário empregado está adequado e preciso? | | | | |
| 3. Não há repetição desnecessária de palavras? | | | | |
| **Adequação à norma-padrão** | | | | |
| 1. As palavras estão escritas corretamente? | | | | |
| **Edição do texto** | | | | |
| 1. A letra está legível dentro dos balões? | | | | |
| 2. Há espaço para desenhos e falas? | | | | |
| 3. Não há rasuras no texto? | | | | |

Comentários do leitor (colegas e/ou professor):

_____
_____
_____
_____
_____

Autor(a): _____

### Reescrita

### Edição final

Prepare sua história em quadrinhos para ser editada e publicada em seu livro de histórias. Para isso, passe-a a limpo, caprichando no texto e nas ilustrações.

# PROJETO C

# ATELIÊ DA POESIA

## Objetivo

Neste projeto, você e os colegas vão escrever, editar e publicar um livro de poemas e apresentá-los em um sarau.

## Estratégias

Para isso, vocês vão ler vários poemas e conhecer as principais características desse gênero. Com base nesses elementos, vão criar poemas que farão parte de um livro.

## Encerramento

Você e os colegas vão preparar uma noite de autógrafos, na qual serão apresentados os livros escritos e editados por vocês para a comunidade escolar, os familiares e amigos.

1. Linguagem do gênero poema
2. Estrutura do gênero poema
3. Rima
4. Poema narrativo
5. Acróstico

# 1 LINGUAGEM DO GÊNERO POEMA

Compare estes dois textos.

**TEXTO A**

No sábado, a rápida passagem de uma frente fria pelo litoral aumenta a nebulosidade e diminui as temperaturas em todo o Estado. O dia segue instável com previsão de chuvas ocasionais. Nas regiões Norte, Nordeste e Noroeste a chuva pode ocorrer em forma de pancadas.

INCAPER. Disponível em: <https://meteorologia.incaper.es.gov.br/previsao-do-tempo-48h>. Acesso em: 3 abr. 2020.

**TEXTO B**

Ai, meu Deus, chuva miúda
Não lava a calçada, não limpa o chão
Tal como o seu olhar
Não lê meu coração

GILBERTO GIL. Chuva miúda. Disponível em: <https://www.letras.mus.br/gilberto-gil/574298/>. Acesso em: 3 abr. 2020.

Os textos que você acabou de ler têm finalidades diferentes.

O texto A transmite, em linguagem objetiva, uma informação sobre a previsão do tempo. Já o texto B apresenta, em linguagem figurada, uma visão pessoal, subjetiva, sobre a chuva.

O texto B é um poema. Nele, algumas palavras assumem outros significados que não são os comuns do dia a dia.

Veja como isso acontece nos poemas a seguir.

**TEXTO 1**

Perdi maleta cheia de nuvens
e de flores,
maleta onde eu carregava
todos os meus amores embrulhados
em neblina.
Perdi essa maleta em alguma esquina
de algum sonho
e desde então eu ando tristonho
sem saber onde pôr as mãos.
Se andando pelas ruas
você encontrar a tal maleta
por favor me avise em pensamento
que eu largo tudo e vou correndo...

Roseana Murray. *Classificados poéticos*.
São Paulo: Moderna, 2010. p. 20.

**TEXTO 2**

MAR,
meu mar
tão céu,
tão meu e seu,
MAR e CÉU:

Marcelo

Por te amar
estou no céu,
sou lua
tão crescente!
Tu és o mar,
és navegantemente
amor nascente.
Mar e céu,
tu e eu!

ao longe um beijo se perdeu

Sylvia Orthof. *Luana Adolescente Lua crescente.*
6. ed. Rio de Janeiro: Nova Fronteira, 2013.

## Estudo do texto

No texto 1, o eu lírico usa imagens que sugerem lembranças e sentimentos:

"maleta cheia de nuvens e de flores" `sugere` lembranças tristes e alegres;

"amores embrulhados em neblina" `sugere` amores guardados na memória.

No texto 2, o eu lírico também utiliza imagens que sugerem a pessoa amada e os sentimentos em relação a ela:

"meu mar" `sugere` o **amado**;

"lua tão crescente", "céu" `sugerem` a **amada**.

**1.** Onde o texto 1 foi publicado originalmente?

_____

**2.** Onde os classificados costumam ser publicados?

_____

**3.** Você acha que um jornal publicaria um classificado com o do texto 1? Por quê?

_____
_____
_____

**4.** No texto 2, que ideia o eu lírico (a voz que fala no poema) quer transmitir à pessoa amada ao dizer "Por te amar/ estou no céu"?

_____
_____
_____

## Produção de textos

Crie um poema usando palavras com sentido sugestivo, que expressem sentimentos e emoções, como fizeram as autoras dos dois poemas que você leu.

As imagens da página seguinte podem ajudá-lo a se inspirar para escrever seu poema. Utilize-as ou faça outras escolhas.

Pôr do sol em praia.

Casa abandonada em floresta.

Mãe e filho.

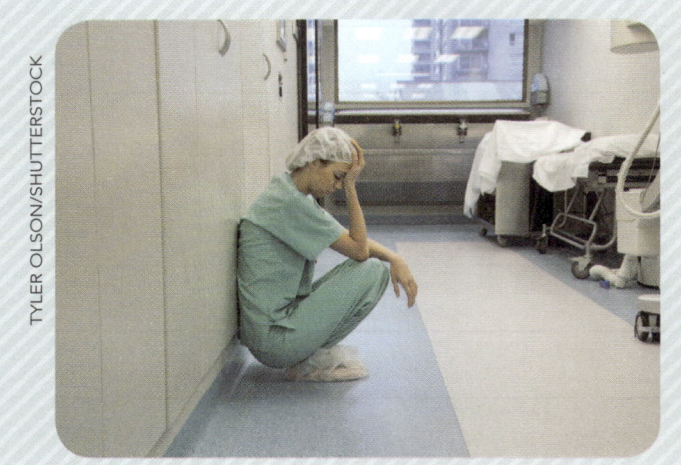

Idosa com foto do casamento.

Médica em hospital.

Casal no alto de montanha.

## Ficha 1 — LINGUAGEM DO GÊNERO POEMA

Autor(a): _____  Data: ___/___/___

### Planejamento

Descreva abaixo o(s) sentimento(s) que você deseja transmitir no seu poema: saudade, amor, carinho, alegria, medo, frustração, desilusão, raiva, tristeza, afeto, empatia, esperança etc.

_____
_____
_____

Pense em imagens que possam transmitir esse(s) sentimento(s) ao leitor e descreva-as a seguir.

_____
_____
_____
_____
_____
_____
_____

Das imagens que descreveu acima, qual melhor representa o sentimento que você deseja expressar em seu poema?

_____
_____
_____

### Escrita

Escreva seu poema. Use as imagens que você descreveu anteriormente e deixe a imaginação fluir. Se não souber como dar sequência aos versos, releia em voz alta o que já escreveu. Assim, você vai perceber o ritmo das palavras e, sobretudo, do texto que está escrevendo.

_____
_____
_____
_____

Oficina de escritores • 6º ano • Projeto C: Ateliê da poesia

## Revisão

Releia seu poema. Substitua, acrescente, elimine palavras, versos ou expressões. Revise seu texto com base nos itens do **Roteiro de revisão**.

| Roteiro de revisão | Avaliação do autor do poema | | Avaliação do leitor | |
|---|---|---|---|---|
| | SIM | NÃO | SIM | NÃO |
| **Gênero textual** | | | | |
| 1. O texto apresenta as características próprias da linguagem poética? | | | | |
| **Organização do texto** | | | | |
| 1. O texto está organizado em versos e estrofes? | | | | |
| 2. São usadas imagens para sugerir sentimentos ou emoções? | | | | |
| **Organização da frase** | | | | |
| 1. As frases estão claras? | | | | |
| 2. O vocabulário empregado está adequado e preciso? | | | | |
| 3. Não há repetição desnecessária de palavras? | | | | |
| **Adequação à norma-padrão** | | | | |
| 1. As palavras estão escritas corretamente? | | | | |
| 2. Os sinais de acentuação são usados adequadamente? | | | | |
| 3. Os sinais de pontuação são utilizados de modo correto? | | | | |
| **Edição do texto** | | | | |
| 1. A letra está legível? | | | | |
| 2. As margens estão regulares? | | | | |
| 3. Há espaço maior separando as estrofes? | | | | |
| 4. Não há rasuras no texto? | | | | |

Comentários do leitor (colegas e/ou professor):

_____
_____
_____
_____
_____
_____

Autor(a):

## Reescrita

## Edição final

Prepare o texto para ser editado e publicado posteriormente em um livro de poemas. Para isso, escreva seu poema na página e faça uma ilustração para ele.

# 2 ESTRUTURA DO GÊNERO POEMA

Um poema se distingue de um texto em prosa pela organização em versos e estrofes. Veja como isso acontece no poema de Elias José.

## As tias

A tia Catarina
Cata a linha

A tia Tereza
Bota a mesa

A tia Ceição
Amassa o pão

A tia Lela
Espia a janela

A tia Cema
Teima que teima

A tia Maria
Dorme de dia

A tia Tininha
Faz a rosquinha

A tia Marta
Corta a batata

A tia Salima
Fecha a rima

Elias José. *Namorinho de portão*. São Paulo: Moderna, 2002. (Coleção Girassol).

## Estudo do texto

A cada linha do poema, formada por palavras ou frases, damos o nome de **verso**.

Os versos costumam ser agrupados em **estrofes**. E, para separá-las, usa-se um espaço entre elas. Observe como essa distribuição está presente em um trecho do poema de Elias José.

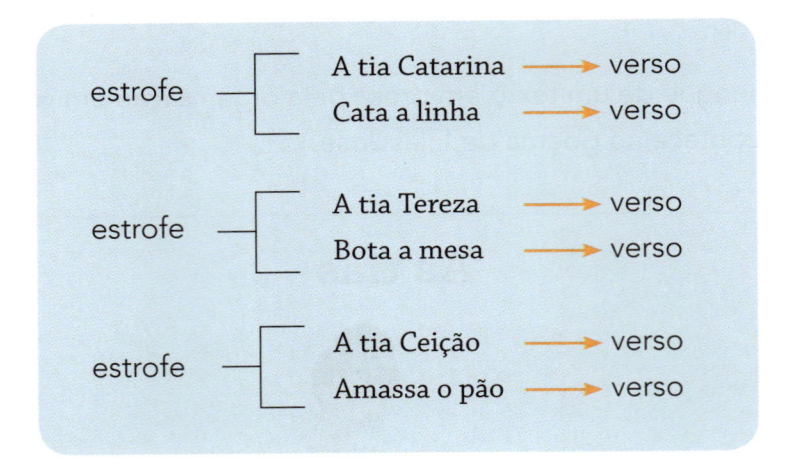

estrofe — A tia Catarina → verso
         Cata a linha → verso

estrofe — A tia Tereza → verso
         Bota a mesa → verso

estrofe — A tia Ceição → verso
         Amassa o pão → verso

Se você voltar ao poema completo, verá que tem nove estrofes com dois versos cada.

Outra característica do gênero poema é o ritmo dos versos. Um dos elementos que permite criar ritmo é a **rima**, que pode existir ou não em um poema.

Observe o final destes versos do poema "As tias".

A tia Ter**eza**
Bota a m**esa**

A tia Ceiç**ão**
Amassa o p**ão**

A tia L**ela**
Espia a jan**ela**

Você pode perceber que, nesse poema, os sons finais de alguns versos são idênticos. A igualdade entre os sons finais dos versos recebe o nome de **rima**.

## Produção de textos

No poema "As tias", o eu lírico fala sobre suas tias e as atividades realizadas por elas (uma espia a janela, outra amassa o pão, outra costura etc.).

Escreva você também um poema que apresente uma pessoa muito especial – real ou imaginária. Agrupe os versos em estrofes e crie rimas.

# Ficha 2 — ESTRUTURA DO GÊNERO POEMA

Autor(a): _____ Data: ___/___/___

## Planejamento

Antes de começar a escrever seu poema, pense na pessoa escolhida e responda às perguntas a seguir.

1. Quem é a pessoa?
   _____

2. Como ela é (características físicas e psicológicas)?
   _____
   _____

3. Onde e com quem mora?
   _____
   _____
   _____

4. Ela trabalha? Em quê?
   _____
   _____

5. Como ela se relaciona com outras pessoas? Tem poucos ou muitos amigos?
   _____
   _____

6. O que a torna especial?
   _____
   _____

7. Selecione algumas palavras que possam expressar características dessa pessoa.
   _____
   _____
   _____

Oficina de escritores • 6º ano • Projeto C: Ateliê da poesia

## Escrita

Escreva o poema. Busque imagens que possam sugerir o que você pretende comunicar. Se não souber como dar sequência aos versos, releia, em voz alta, o que já escreveu. Desse modo, você vai perceber o ritmo das estrofes.

## Revisão

Releia seu poema. Substitua, acrescente, elimine palavras, versos e expressões. Não se esqueça de revisar seu texto com base nos itens do **Roteiro de revisão**.

| Roteiro de revisão | Avaliação do autor do poema | | Avaliação do leitor | |
|---|---|---|---|---|
| | SIM | NÃO | SIM | NÃO |
| **Gênero textual** | | | | |
| 1. O texto apresenta as características próprias da linguagem poética? | | | | |
| **Organização do texto** | | | | |
| 1. O texto está organizado em versos e estrofes? | | | | |
| 2. São utilizadas rimas para construir o texto? | | | | |
| 3. São usadas imagens para sugerir sentimentos ou emoções? | | | | |
| **Organização da frase** | | | | |
| 1. As frases estão claras? | | | | |
| 2. O vocabulário empregado está adequado e preciso? | | | | |
| 3. Não há repetição desnecessária de palavras? | | | | |
| **Adequação à norma-padrão** | | | | |
| 1. As palavras estão escritas corretamente? | | | | |
| 2. Os sinais de acentuação são usados adequadamente? | | | | |
| 3. Os sinais de pontuação são utilizados de modo correto? | | | | |
| **Edição do texto** | | | | |
| 1. A letra está legível? | | | | |
| 2. As margens estão regulares? | | | | |
| 3. Há espaço maior separando as estrofes? | | | | |
| 4. Não há rasuras no texto? | | | | |

Comentários do leitor (colegas e/ou professor):

_____
_____
_____
_____
_____
_____

Autor(a): _____

Oficina de escritores • 6º ano • Projeto C: Ateliê da poesia

## Reescrita

## Edição final

Prepare o texto para ser editado e publicado posteriormente em um livro de poemas. Para isso, escreva o poema na página e faça uma ilustração para ele.

# 3 RIMA

Uma das maneiras de criar ritmo em um poema é empregar a rima, como fez o poeta do texto a seguir. Leia-o com atenção.

## A rua das rimas

A rua que eu imagino, desde menino, para o meu destino pequenino
é uma rua de poeta, reta, quieta, discreta,
direita, estreita, benfeita, perfeita,
com pregões matinais de jornais, aventais nos portais, animais e varais nos quintais;
e acácias paralelas, todas elas belas, singelas, amarelas,
doiradas, descabeladas, debruçadas como namoradas para as calçadas;
e um passo, de espaço a espaço, no mormaço de aço baço e lasso,
e algum piano provinciano, quotidiano, desumano,
mas brando e brando, soltando, de vez em quando,
na luz rala de opala de uma sala uma escala clara que embala;
e, no ar de uma tarde que arde, o alarde das crianças do arrabalde;
e de noite, no ócio capadócio,
junto aos espiões, os bordões dos violões;
e a serenata ao luar de prata (mulata ingrata que me mata...);
e depois o silêncio, o denso, o intenso, o imenso silêncio...
A rua que eu imagino, desde menino, para o meu destino pequenino
é uma rua qualquer onde desfolha um malmequer uma mulher que bem me quer;
é uma rua, como todas as ruas, com suas duas calçadas nuas,
correndo paralelamente, como a sorte, como a sorte diferente de toda gente,
para a frente,
para o infinito; mas uma rua que tem escrito um nome bonito, bendito, que sempre repito
e que rima com mocidade, liberdade, tranquilidade:
RUA DA FELICIDADE...

Guilherme de Almeida. *Encantamento, acaso, você*. Campinas: Unicamp, 2002.

## Estudo do texto

1. Muitas palavras rimam nesse poema de Guilherme de Almeida. Explique com suas palavras o que é rima.

   _____
   _____

2. Copie do texto as palavras que rimam.

   _____
   _____
   _____
   _____
   _____
   _____

3. Para descrever a rua sonhada desde menino, o poeta usou a repetição constante das rimas como recurso expressivo. Leia novamente o poema e copie abaixo cinco palavras ou expressões usadas pelo eu lírico que expressam as características da rua imaginada.

   _____
   _____

4. Agora, pense e escreva cinco palavras que não estão no poema mas que também poderiam expressar as características da "rua das rimas".

   _____

## Produção de textos

Faça como o poeta Guilherme de Almeida: escreva um poema, usando a repetição constante das rimas como recurso expressivo. Seu texto deverá ter um dos seguintes títulos:

1. A cidade das rimas
2. A escola das rimas
3. A mãe das rimas
4. O professor das rimas
5. A casa das rimas
6. O(A) garoto(a) das rimas
7. O pai das rimas
8. O(A) filho(a) das rimas

## Ficha 3 — RIMA

Autor(a): _____ Data: ___/___/___

### Planejamento

1. Antes de começar a escrever seu poema, escolha um título para ele.

   Título: _____

2. Escreva palavras relacionadas com o assunto do seu poema e, o mais importante, que rimem. Entre elas, devem aparecer características da pessoa ou do lugar.

Oficina de escritores • 6º ano • Projeto C: Ateliê da poesia

## Escrita

Selecione características que transmitam ao leitor uma ideia básica da pessoa ou do lugar sobre a(o) qual você vai escrever. Se tiver dificuldade de dar sequência aos versos que compõem o texto, releia em voz alta o que já escreveu. Assim, você vai perceber o ritmo do seu poema.

_____
_____
_____
_____
_____
_____
_____
_____
_____
_____
_____
_____
_____
_____
_____
_____
_____
_____
_____
_____
_____
_____
_____
_____
_____

## Revisão

Na revisão do seu texto, verifique se você utilizou muitas rimas e se o leitor consegue formar uma ideia da pessoa ou do lugar. Procure perceber o ritmo. Substitua, acrescente, elimine palavras, verbos, expressões. Para os demais itens, baseie-se no **Roteiro de revisão** abaixo.

| Roteiro de revisão | Avaliação do autor do poema | | Avaliação do leitor | |
|---|---|---|---|---|
| | SIM | NÃO | SIM | NÃO |
| **Gênero textual** | | | | |
| 1. O texto apresenta as características próprias da linguagem poética? | | | | |
| **Organização do texto** | | | | |
| 1. O texto está organizado em versos e estrofes? | | | | |
| 2. São utilizadas rimas para construir o texto? | | | | |
| 3. São usadas imagens para sugerir sentimentos ou emoções? | | | | |
| **Organização da frase** | | | | |
| 1. As frases estão claras? | | | | |
| 2. O vocabulário empregado está adequado e preciso? | | | | |
| 3. Não há repetição desnecessária de palavras? | | | | |
| **Adequação à norma-padrão** | | | | |
| 1. As palavras estão escritas corretamente? | | | | |
| 2. Os sinais de acentuação são usados adequadamente? | | | | |
| 3. Os sinais de pontuação são utilizados de modo correto? | | | | |
| **Edição do texto** | | | | |
| 1. A letra está legível? | | | | |
| 2. As margens estão regulares? | | | | |
| 3. Há espaço maior separando as estrofes? | | | | |
| 4. Não há rasuras no texto? | | | | |

Comentários do leitor (colegas e/ou professor):

_____
_____
_____
_____

Autor(a): _____

## Reescrita

## Edição final

Prepare o texto para ser editado e publicado em um livro de poemas. Para isso, escreva o poema na página e faça uma ilustração para ele.

# 4 POEMA NARRATIVO

Ao escrever um poema, você pode expressar suas emoções e até contar uma história em versos. Veja como a autora do poema "Ou isto ou aquilo?" fez isso.

## Ou isto ou aquilo?

Na espuma do mar,
morava a conchinha.
Coisinha mais linda,
festança do olhar.

Um dia o menino
achou a conchinha,
e quis em seguida
mostrar para a amiga.

Mas dentro da concha
havia um bicho
que disse ao menino
com todo capricho:

– Amigo bem-vindo,
me leva contigo?
– Não posso, bichinho,
senão você morre.

Que bela risada
o bicho soltou!
– Não morro nem nada,
é só um passeio!

Então o menino,
alegre da vida,
levou concha e bicho
à casa da amiga.

Os três passearam
mais que o dia inteiro!
E o bicho adorou
o Rio de Janeiro...

Noitinha crescendo,
o tempo esgotado,
bastante cansados
voltaram à praia.

Daí o menino,
ternura, cuidado,
repôs o bichinho
na espuma do mar.

E antes de sumir
pra dentro da concha,
"Até outro dia...",
o bicho dizia.

Ele não queria
viver sem o mar.
Também não queria
viver só no mar.

Enfim o menino
passou a entender,
que às vezes na vida
se pode escolher:

Istoeaquilo.

Marta Lagarta. *Abraço de pelúcia e mais poemas*.
Belo Horizonte: Autêntica, 2010. p. 16-17.

## Estudo do texto

1. O poema "Ou isto ou aquilo?" conta uma história. Que história é essa?
   _____
   _____

2. Onde se passa a história?
   _____

3. Em quanto tempo a história acontece?
   _____

4. Em quantas estrofes a história foi contada? Todas as estrofes possuem rimas?
   _____

5. Você acha que a história poderia ser escrita em prosa? Por quê?
   _____

## Produção de textos

Agora é a sua vez! Assuma uma personagem e conte, em versos, sua história.

Para escrever sua história em forma de poema, você pode escolher uma destas personagens ou outra de sua preferência. Crie rimas para seu texto.

**Personagens**

1. borboleta
2. golfinho
3. flor
4. abelha
5. cobra
6. árvore
7. cachorro
8. gato
9. joaninha
10. pássaro

# Ficha 4 — POEMA NARRATIVO

Autor(a): _____ Data: ___/___/___

## Planejamento

Antes de começar a escrever sua história em versos, escolha a personagem. A seguir, anote alguns dados que lhe permitam conhecê-la melhor. No círculo central, escreva o nome dela; nos demais círculos, registre as características e os sentimentos (sonhos, medos, frustrações etc.) da personagem.

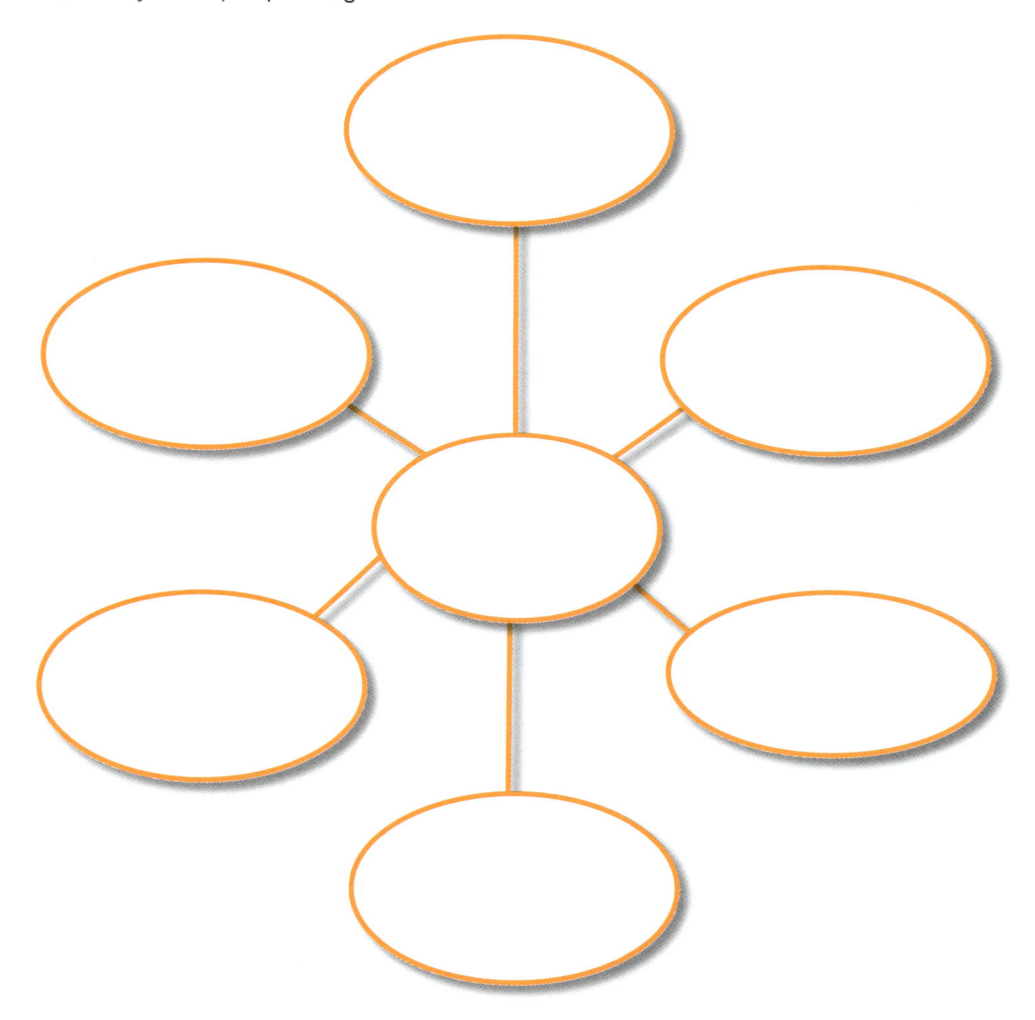

O que vai acontecer com essa personagem? Onde e quando a história vai se passar? Anote nas linhas a seguir.

_____
_____
_____
_____
_____

Oficina de escritores • 6º ano • Projeto C: Ateliê da poesia

## Escrita

Ao escrever, procure sentir como a personagem sente, pensar como ela pensa, ver o mundo como ela vê. Escreva de preferência a lápis, sem usar borracha. Isso pode dar a você maior liberdade no processo de criação do texto.

## Revisão

Ao revisar seu texto, observe se ele revela as ações, as características e os sentimentos da personagem. Verifique se você usou rimas. Para os demais itens, baseie-se no **Roteiro de revisão** abaixo.

| Roteiro de revisão | Avaliação do autor do poema | | Avaliação do leitor | |
|---|---|---|---|---|
| | SIM | NÃO | SIM | NÃO |
| **Gênero textual** | | | | |
| 1. O texto apresenta as características próprias da linguagem poética? | | | | |
| 2. Há elementos de uma narrativa (personagens, enredo, tempo, espaço)? | | | | |
| **Organização do texto** | | | | |
| 1. O texto está organizado em versos e estrofes? | | | | |
| 2. São utilizadas rimas para construir o texto? | | | | |
| 3. São usadas imagens para sugerir sentimentos ou emoções? | | | | |
| **Organização da frase** | | | | |
| 1. As frases estão claras? | | | | |
| 2. O vocabulário empregado está adequado e preciso? | | | | |
| 3. Não há repetição desnecessária de palavras? | | | | |
| **Adequação à norma-padrão** | | | | |
| 1. As palavras estão escritas corretamente? | | | | |
| 2. Os sinais de acentuação são usados adequadamente? | | | | |
| 3. Os sinais de pontuação são utilizados de modo correto? | | | | |
| **Edição do texto** | | | | |
| 1. A letra está legível? | | | | |
| 2. As margens estão regulares? | | | | |
| 3. Há espaço maior separando as estrofes? | | | | |
| 4. Não há rasuras no texto? | | | | |

Comentários do leitor (colegas e/ou professor):

_____
_____
_____
_____

Autor(a):

## Reescrita

## Edição final

Prepare o texto para ser editado e publicado posteriormente em um livro de poemas. Para isso, escreva o poema na página e faça uma ilustração para ele.

# 5 ACRÓSTICO

Há um tipo de poema em que se brinca com uma letra de cada verso, inicial, intermediária ou final, para formar palavras ou frases. Lê-se o texto na vertical e na horizontal.

Esse tipo de poema é conhecido como **acróstico**.

> **L**eitor não levantei falso
> **E**screvi o que se deu,
> **A**quele grande sucesso
> **N**a Bahia aconteceu,
> **D**a forma que o velho cão,
> **R**olou morto sobre o chão
> **O**nde o seu senhor morreu.
>
> Leandro Gomes de Barros. *História do cachorro dos mortos*. Disponível em: http://www.dominiopublico.gov.br/download/texto/jn000016.pdf. Acesso em: 10 abr. 2020.

Fernanda fez o acróstico a seguir para sua mãe.

### Acróstico da mamãe

**M**elhor amiga
**A**morosa
**M**ãe 100% 10!
**A**tenciosa
**E**legante

Teodoro mandou este recado para Dorinha.

```
    T
    E
    O
  A D O R O
    O
  D O R A
    O
```

## Estudo do texto

Leia mais este acróstico em que o autor apresenta o nome do poema com a primeira letra de cada verso.

**S**abia que sou mais bonita?
**A** borboleta disse ainda ao sapo:
**P**obre batráquio asqueroso,
**O** que você é me causa nojo!

**E** o sapo, com toda calma do mundo,

**A**ssim respondeu à borboleta:

**B**onita é minha natureza anfíbia,
**O** que, também, me protege mais,
**R**ios e solo me dão guarida,
**B**rejos e até mesmo matagais!
**O** que você faz para se defender?
**L**ivre, viajo sobre todos os animais!
**E**, num segundo, o sapo projetou
**T**amanha língua no espaço,
**A**cabando, assim, com o embaraço!

Dorival Pedro Lavirod. Sapo e a borboleta. In: *Livro dos acrósticos*. São Paulo: Editora João Scortecci, 1994.

**1.** Assinale **V** para verdadeiro e **F** para falso.

☐ O acróstico deve apresentar rimas.
☐ O acróstico deve ser lido na vertical e na horizontal.
☐ As letras da palavra na vertical devem vir sempre no início de cada verso.
☐ As letras da palavra na vertical podem vir no início, no meio ou no fim de cada verso.

**2.** De acordo com os exemplos que você leu, responda oralmente: é possível contar histórias por meio de acrósticos? Explique.

**3.** No acróstico, as palavras na vertical e na horizontal devem apresentar alguma relação entre si?

_____

## Produção de textos

Agora é a sua vez de escrever um acróstico. Escolha uma palavra para aparecer na vertical. Pode ser seu nome, o nome de alguém, de um lugar ou de um sentimento. Mãos à obra!

# Ficha 5 — ACRÓSTICO

Autor(a): _____ Data: ___/___/___

## Planejamento

Antes de começar a escrever o acróstico, pense, anote e organize seu texto.

1. Escolha uma palavra. Pode ser o nome de um lugar, de uma pessoa, seu próprio nome, um sentimento (felicidade, amor, tristeza, alegria, saudade etc.)

2. Escreva o nome escolhido na vertical. Na horizontal, associe a cada letra do nome uma palavra ou frase que a contenha. As letras podem aparecer no início, no meio ou no final de cada verso.

Oficina de escritores • 6º ano • Projeto C: Ateliê da poesia

## Escrita

Ao escrever o acróstico, selecione palavras ou frases que estejam relacionadas à ideia básica que você pretende comunicar.

## Revisão

Releia com atenção o acróstico que você criou. Observe se há palavras que podem ser eliminadas ou substituídas. Verifique também se há no texto erros de grafia, acentuação, concordância e pontuação. Para isso, oriente-se pelo **Roteiro de revisão** a seguir.

| Roteiro de revisão | Avaliação do autor do poema | | Avaliação do leitor | |
|---|---|---|---|---|
| | SIM | NÃO | SIM | NÃO |
| **Gênero textual** | | | | |
| O texto apresenta as características próprias da linguagem poética? | | | | |
| **Coerência** | | | | |
| Os elementos do acróstico estão ligados a uma ideia central? | | | | |
| **Coesão** | | | | |
| São empregados recursos linguísticos que, quanto à sintaxe e/ou ao ritmo, dão continuidade ao texto? | | | | |
| **Adequação à norma-padrão** | | | | |
| O texto respeita as convenções da escrita (ortografia e acentuação) e as normas gramaticais (pontuação, concordância, regência, colocação pronominal)? | | | | |
| **Edição do texto** | | | | |
| O texto apresenta legibilidade, uniformidade de margens e ausência de rasuras? | | | | |

Comentários do leitor (colegas e/ou professor):

_____
_____
_____
_____
_____
_____
_____
_____
_____
_____
_____

Autor(a):

## Reescrita

## Edição final

Prepare seu texto para ser editado e publicado em um livro de poemas. Para isso, escreva o acróstico na página e crie uma ilustração para ele.

# GUIA DE REVISÃO DE TEXTOS

1. Edição de texto
2. Letra legível
3. Ortografia
4. Parágrafo
5. Eliminação de palavras
6. Frases curtas
7. Construção de frases
8. Ampliação dos fatos

# 1 EDIÇÃO DE TEXTO

Antes de apresentar o texto aos leitores, você deve tomar alguns cuidados. Veja como a autora Ana Elisa Callas fez a edição do texto que escreveu.

### Patrícia

Eu me chamo Patrícia. O ano que vem eu vou para a escola aqui na frente de casa.

Eu gosto de ver as crianças indo para lá de lancheira e roupa cor-de-rosa. A minha tartaruga vai comigo, que eu não vou deixar ela brincando no jardim sozinha. E pode ser que o carro passe em cima dela.

O papai disse que ia me trazer um presente hoje, eu vou esperar ele no portão. Se a Zica me der dinheiro, eu vou comprar um pirulito de anelzinho.

Esta hora da saída da escola eu adoro! O pipoqueiro sempre me dá pipoca enquanto a Zica fica conversando com ele.

O dia que chove eu fico triste, porque chove e eu não posso ir para o jardim e tenho que ficar aqui na lavanderia brincando com minha tartaruga. Às vezes eu empurro ela na água, só para ver se ela fica resfriada! Mas o anjo de guarda dela guarda ela.

Ana Elisa V. Callas (aluna).

Ao fazer a edição final do texto, Ana Elisa teve os cuidados a seguir quanto à apresentação gráfica:

1. Escreveu com letra legível.
2. Indicou o início de parágrafo por meio de um pequeno espaço na margem esquerda.
3. Deixou as margens regulares.
4. Não fez rasuras no texto.

## Atividade

Reúna-se com três colegas e juntos avaliem os textos de cada um de vocês quanto aos aspectos a seguir:

1. Legibilidade da letra.
2. Espaço regular no início de parágrafo.
3. Regularidade das margens.
4. Ausência de rasuras.

# 2 LETRA LEGÍVEL

Ao escrever um texto, você não o faz apenas para si mesmo. Escreve, sobretudo, para que os leitores o leiam e possam entendê-lo. Por isso é importante escrevê-lo com letra legível.

Observe o texto a seguir.

Os leitores desse texto terão, com certeza, dificuldade para entender o que está escrito, pois a letra não está nada legível.

A leitura de um texto pode ser prejudicada por vários motivos, entre eles:

1. As letras aparecem separadas umas das outras. Isso não permite ao leitor saber quando começa e quando termina uma palavra.

2. As letras aparecem escritas muito juntas.

3. Não há uniformidade no tamanho das letras.
4. O desenho das letras não obedece ao formato padrão.

Identifique no texto anterior o que torna a letra ilegível. Observe, a seguir, como é bem mais fácil ler esse texto quando escrito com letra legível.

> Oi, Pedro,
> Vou te avisando: você não me conhece.
> Quem me falou em você foi a Malu, que eu conheci nas últimas férias, em Cabo Frio. A gente estava pegando umas ondas e reparou que tinha um cara olhando.
> Perguntei se ela conhecia, disse que não. Eu também não. Aí, ela falou: "Ele é parecido com um amigo meu. Só que meu amigo é mais baixo".
> Aquele cara não era alto, sabe, Pedro? Fico imaginando, então, que você é meio baixinho. Ou não?
> Eu sou. Nem um e sessenta. Uma desgraça. Moro aqui em Sampa, tenho quase 17 anos, gosto de ficar de conversa fiada no telefone, de namorar vitrines e papelarias. Ah! Adoro ler.

Viviane Assis Viana; Ronald Claves. *Ana e Pedro*: cartas. São Paulo: Atual, 2009.

## Atividades

Releia os textos que você escreveu nas fichas e faça uma avaliação da sua letra.

1. Você considera sua letra:
   a) bem legível.
   b) parcialmente legível.
   c) ilegível.

2. O que você pode fazer para tornar sua letra mais legível?
   a) Reduzir o tamanho das letras.
   b) Escrever as letras mais juntas.
   c) Escrever as letras mais separadas.
   d) Melhorar o desenho das letras.
   e) Escrever as letras num tamanho uniforme.
   f) Caprichar na escrita do texto.

# 3 ORTOGRAFIA

As palavras devem ser escritas de acordo com regras preestabelecidas.

Grafar as palavras de acordo com essas regras depende de muita leitura e atenção. Por isso, ao escrever e reescrever um texto, tenha os seguintes cuidados:

1. Observe com atenção a grafia de todas as palavras.
2. Em caso de dúvida, consulte um dicionário.
3. Releia sempre o que escreveu.
4. Reescreva corretamente as palavras que foram grafadas de maneira incorreta.

Veja no quadro abaixo algumas palavras que podem gerar dúvidas quanto à grafia.

| Palavras separadas | Uma só palavra |
|---|---|
| de repente | depressa |
| por isso | embaixo |
| em cima | acima |
| por que (pergunta) | devagar |
| às vezes | embora |
| a fim de (que) | anteontem |
|  | comigo |
|  | afinal |
|  | enfim |
|  | então |
|  | porque (resposta) |
|  | talvez |

## Atividade

O texto a seguir foi escrito por uma aluno do 6º ano. Nele aparecem algumas palavras cuja grafia não está de acordo com as regras da língua portuguesa. Identifique-as. A seguir, reescreva o texto no caderno, fazendo as correções necessárias. E não se esqueça de criar um título para ele.

1  Ele mexeu com os meus sentimentos. Acho que nunca
2  tinha acontecido aquilo com migo antes.
3      O menino se chamava Adalberto. Ele era bonito, falava
4  e se vestia muito bem.
5      A festa estava chata mas, depois que eu o conheci,
6  acho que melhor o meu astrau. Eu estava muito nervosa...
7  Acho que foi amor à primeira vista.
8      Adalberto chegou mais perto e me convidou para ir até
9  o jardim, que por sinal era muito bem cuidado.
10     Eu e Adalberto sentamos no banco e comessamos
11 a olhar a lua. Derrepente, não mais que derrepente,
12 Adalberto pegou na minha mão e me beijou.
13     Naquele instante parecia até que eu estava sonhando.
14     Depois daquele bejo ele me levou até em casa e foi
15 em bora.
16     Nunca mais o encontrei, mas sei que jamais eu irei
17 esquecê-lo. Pois tudo comessou numa festa com um
18 simples olhar.

# 4 PARÁGRAFO

Outro recurso que ajuda o leitor a entender mais facilmente o texto, identificando suas partes, é a organização das frases em parágrafos.

O parágrafo pode ser formado por uma ou mais frases. É comum que em cada parágrafo seja abordado uma ideia ou um aspecto de determinado fato. Graficamente, indica-se o parágrafo com um pequeno espaço na margem esquerda da primeira que o compõe.

Observe o texto a seguir.

## A saída

Aconteceu às quatro da tarde, em plena luz do dia. O menino estava lá espichado como um gato, na rede em seu quarto. Caderno e lápis na mão, balançando suavemente, estava inventando uma história, quando viu pela janela o diabo pulando o portão de sua casa.

Estremeceu. Seus pais haviam saído para fazer compras e sua irmã ainda não voltara da escola.

O diabo veio caminhando pelo jardim, em direção à porta. Pisoteando as margaridas que se insinuavam ao vento. Na hora o menino pensou que o diabo, com seus poderes demoníacos, ia atravessar as paredes, mas ele simplesmente deu um sopro diabólico e seu bafo insuportável derreteu a porta instantaneamente. Depois, ao chegar no quarto e ver o menino apavorado na rede, deu um sorrisinho perverso e, exalando seu mau cheiro infernal, disse, diabolicamente:

— Vim te pegar, garoto. Vou te levar pro inferno.

Mas aí, inesperadamente, o menino perdeu o medo. Espichou-se pela rede, todo belo e formoso, sem dar a mínima pro diabo.

— Você não pode me pegar – o menino disse.

— Posso – rugiu o diabo, avançando com sua cara de mau.

O menino retrucou:

— Não pode!

O diabo ficou mais endiabrado ainda e esbravejou:

— Por que não?

— Porque eu posso parar de escrever – disse o menino.

E parou.

João Anzanello Carrascoza. *Histórias para sonhar acordado*.
São Paulo: Scipione, 2011.

Veja a seguir como Fabíola, ao copiar o texto "A saída", deixou espaços irregulares para indicar parágrafo.

Ao indicar parágrafo, deve-se tomar cuidado para que o espaço de abertura seja sempre o mesmo.

> Aconteceu às quatro da tarde, em plena luz do dia. O menino estava lá espichado como um gato, na rede em seu quarto. Caderno e lápis na mão, balançando suavemente, estava inventando uma história, quando viu pela janela o diabo pulando o portão de sua casa.
> Estremeceu. Seus pais haviam saído para fazer compras e sua irmã ainda não voltara da escola.
> O diabo veio caminhando pelo jardim, em direção à porta. Pisoteando as margaridas que se insinuavam ao vento. Na hora o menino pensou que o diabo, com seus poderes demoníacos, ia atravessar as paredes, mas ele simplesmente deu um sopro diabólico e seu bafo insuportável derreteu a porta instantaneamente. Depois, ao chegar no quarto e ver o menino apavorado na rede, deu um sorrisinho perverso e, exalando seu mau cheiro infernal, disse, diabolicamente:

Veja, abaixo, como Fabíola reescreveu o texto após a correção. Repare que agora ela deixou espaços regulares para indicar os parágrafos.

> Aconteceu às quatro da tarde, em plena luz do dia. O menino estava lá espichado como um gato, na rede em seu quarto. Caderno e lápis na mão, balançando suavemente, estava inventando uma história, quando viu pela janela o diabo pulando o portão de sua casa.
> Estremeceu. Seus pais haviam saído para fazer compras e sua irmã ainda não voltara da escola.
> O diabo veio caminhando pelo jardim, em direção à porta. Pisoteando as margaridas que se insinuavam ao vento. Na hora o menino pensou que o diabo, com seus poderes demoníacos, ia atravessar as paredes, mas ele simplesmente deu um sopro diabólico e seu bafo insuportável derreteu a porta instantaneamente. Depois, ao chegar no quarto e ver o menino apavorado na rede, deu um sorrisinho perverso e, exalando seu mau cheiro infernal, disse, diabolicamente:

# Atividade

Ao escrever o texto a seguir, o autor se esqueceu de organizá-lo em parágrafos. Reescreva-o, dividindo-o em parágrafos. Depois, dê um título a ele.

> Seu nome é Lucineida da Silva. Tem 43 anos. Mora num barraco da favela da Rocinha. Sua casa é de tábua e ela gostaria que fosse de tijolo, porque já caíram vários barracos lá por perto. Ela tem medo que uma dessas chuvas fortes leve o seu barraco. Lucineida trabalha como empregada doméstica na Zona Sul. Levanta às 5h30. Toma duas conduções para chegar às 8h no trabalho. Dá um duro danado! É mineira, mas hoje se sente carioca porque adora samba. Com o dinheiro que economizou o ano inteiro, comprou uma fantasia para desfilar na Mangueira. Apesar de sua vida dura, ela a leva cantando, sambando e é uma pessoa feliz com seus dois filhos. Se fosse rica, acabaria com a favela e daria uma casinha decente para todas as pessoas morarem. Ela tem fé em Deus para que um dia a sua situação se modifique e o governo cuide mais dos favelados.

# 5 ELIMINAÇÃO DE PALAVRAS

Às vezes, na língua falada, repetimos palavras ou expressões. No entanto, essas repetições devem ser eliminadas na língua escrita, para proporcionar maior coesão ao texto.

Observe este texto escrito por um aluno.

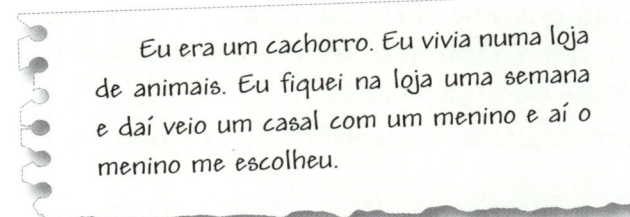

> Eu era um cachorro. Eu vivia numa loja de animais. Eu fiquei na loja uma semana e daí veio um casal com um menino e aí o menino me escolheu.

Há, nesse texto, algumas palavras que podem ser eliminadas. Observe:

- O pronome **eu**. Nesse caso, a terminação do verbo e o próprio contexto já indicam que o sujeito da frase é **eu**. Não há, portanto, necessidade de repeti-lo. Veja quantas vezes a palavra eu aparece no texto:

> Eu era um cachorro. **Eu** vivia numa loja de animais. **Eu** fiquei na loja uma semana e daí veio um casal com um menino e aí o menino me escolheu.

- As palavras **e**, **daí**, **aí** indicam, na língua falada, progressão do texto. No entanto, na língua escrita, podem-se empregar outras palavras e outros recursos linguísticos. Observe a ocorrência dessas palavras no texto:

> Eu era um cachorro. Eu vivia numa loja de animais. Eu fiquei na loja uma semana **e daí** veio um casal com um menino **e aí** o menino me escolheu.

Vejamos a seguir algumas possibilidades de reescrever esse trecho.

## Possibilidade 1

Eu era um cachorro. Vivia numa loja de animais. Fiquei na loja uma semana. Veio um casal com um menino e ele me escolheu.

## Possibilidade 2

Eu era um cachorro que vivia numa loja de animais. Mas fiquei na loja apenas uma semana, porque veio um casal com um menino que me escolheu.

## Possibilidade 3

Eu era um cachorro que vivia numa loja de animais. Fiquei na loja durante uma semana, até ser escolhido por um menino que acompanhava um casal.

Existem, com certeza, outras possibilidades para transmitir as informações desse texto. Tente reescrevê-lo de outro modo em seu caderno.

## Atividade

O texto a seguir – escrito por uma aluna de nove anos – apresenta vários problemas de pontuação, acentuação, ortografia, repetição desnecessária de palavras e mudança de narrador (oscilando entre 1ª e 3ª pessoa do singular).

Reúna-se com um colega e, juntos, reescrevam o texto, procurando adequá-lo às convenções da língua escrita.

Não se esqueçam de caprichar na letra!

### O espaço

Era uma vez uma menina imaginativa. Ela estava pensando em ir para o espaço e disse:

— Se eu for para o espaço deixarei meus pais preocupados.

E fiquei confusa se ia para o espaço ou avisava meus pais. Eu podia ir para o espaço e disse:

— Se avisar meus pais aposto que eles não vão deixar eu ir para o espaço.

E o problema era esse: como ir para o espaço.

O primeiro problema foi resolvido eu não ia avisar meus pais que eu ia para o espaço, mas o outro não resolvi e disse:

— Vou dormir ja e muito tarde a manhã de manhã resolverei esse problema e irei para o espaço.

E dormi todo alegre e sonhei que estava no espaço, estava assentada e ouvi passos e corri, entrei num objeto estranho e era cheio de computadores.

Descobri que era a espaçonave daquele passos que eu ouvi e fiquei com medo e quando eu ia sair da espaçonave os marcianos entraram e me pegaram quando iam me paralisar eu acordei e descobri que era um sonho e disse:

— Sabi, eu acho que eu não vou para o espaço não.

# 6 FRASES CURTAS

Quando você fala, é comum fazer pequenas pausas que ajudam o interlocutor a compreendê-lo. Se você falar sem parar, ele terá dificuldade para entender o que você diz.

Na escrita acontece a mesma coisa. Se não houver pausas no texto, ele também não será compreendido.

A única diferença, no entanto, é que no texto escrito as pausas são marcadas por sinais de pontuação.

Veja este texto, escrito por um aluno do 6º ano.

### O menino atropelado

Eu estava pasando pela banca de jornal e resolvi parar para dar uma olhadinha nas novidades e em fim eu achei uma revista que eu estava procurando faz tempo e fui correndo até minha casa para pegar o dinheiro e comprei a revista, depois fui no shopping e eu estava me divertindo muito hoje mas deu o horário de ir em borá. Eu tava caminhando pela pista no sinal vermelho (do motorista) e passou um caro na pista e derepente aquele farol veio no meu rosto e eu fui atropelado e o cara fugiu com o carro. Depois vieram a policia e a ambulância e eu fui socorido e a policia me entrevistou no mesmo dia e perguntou se eu tinha visto a placa do carro e o motorista e se eu sabia o nome do carro e eu respondi tudo e eles pegaram o cara.

O texto do aluno apresenta problemas de ortografia, acentuação, pontuação e repetição de palavras. Mas o problema mais sério é que o autor escreveu apenas três frases, todas muito longas. É possível dividir o texto em frases mais curtas. Veja como ele pode ficar.

## O menino atropelado

Eu estava passando pela banca de jornal e resolvi parar para dar uma olhadinha nas novidades. Achei uma revista que eu estava procurando faz tempo. Fui correndo até minha casa para pegar o dinheiro. Depois de comprar a revista, fui ao *shopping*. Estava me divertindo muito, mas deu o horário de ir embora. Eu estava caminhando pela rua no sinal vermelho (do motorista), quando passou um carro. De repente aquele farol veio no meu rosto e eu fui atropelado. O motorista fugiu com o carro. Depois vieram a polícia e a ambulância, e eles me socorreram. A polícia me entrevistou no mesmo dia e perguntou se eu tinha visto a placa do carro e o motorista. Eles queriam saber também o nome do carro. Eu respondi tudo e eles pegaram o motorista.

## Atividade

O texto a seguir apresenta frases muito longas, além de problemas de ortografia, acentuação e construção de frases. Reescreva-o no caderno, fazendo as mudanças que julgar necessárias.

## Cidade fantasma

Paula estava caminhando pela rua e não via ninguém, nem mesmo sua família e ela comesou a ficar desesperada e derepente, apareceu uma sombra preta e ela comesou a correr, e ficou cada vez mais desesperada e então ela começou a ouvir música por toda parte e quando ela virou a esquina deu de cara com mais sombras e começou a correr cada vez mais rapido e quando ela olhou ao seu aoredor vio que estava sercada. E foi quando ela lembrou que naquele dia ia ter um *show* que a cidade inteira gostou e por isso que ela escutou as músicas, não viu ninguém nas cidades e as sombras eram das pessoas que estavam dançando no show e ela falou:

— Nossa como eu pude me esquecer do *show*.

Depois ela pensou "ainda bem que acabou tudo bem".

# 7 CONSTRUÇÃO DE FRASES

A fala e a escrita são duas formas de comunicação linguística que apresentam características bem diferentes. Embora tenham em comum as palavras e a organização das frases, cada uma possui regras específicas. Por esse motivo, não se costuma escrever como se fala. Os recursos de comunicação usados na fala são diferentes daqueles usados na língua escrita.

Leia o texto a seguir, escrito por um aluno do 6º ano.

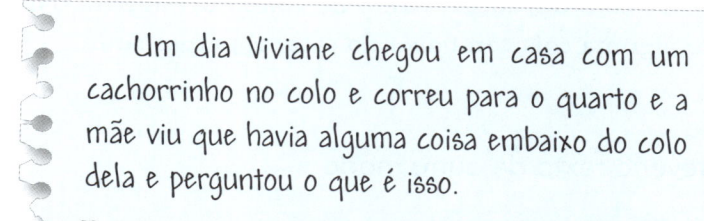

> Um dia Viviane chegou em casa com um cachorrinho no colo e correu para o quarto e a mãe viu que havia alguma coisa embaixo do colo dela e perguntou o que é isso.

Esse texto apresenta os seguintes problemas:

1. Na fala, as pausas e as entonações permitem separar uma informação da outra, favorecendo a comunicação. Na escrita, ao contrário, é preciso usar sinais de pontuação para separar as frases ou dar destaque a determinadas palavras. Nesse texto falta pontuação.

2. A palavra "e" foi usada no texto para indicar a progressão das ações da personagem, mas há palavras que traduzem isso com mais precisão. Exemplos: *em seguida*, *depois* etc.

3. "Embaixo do colo" é uma expressão que não está adequada ao contexto. Na língua escrita, poderia ser escrito: "embaixo da camisa", "da blusa", "do casaco".

4. Ao reproduzir a fala da personagem ("O que é isso"), não foi usado parágrafo antecedido por travessão, tampouco o ponto de interrogação no final da frase, como se costuma utilizar na língua escrita.

Existem várias maneiras de reestruturar esse texto, eliminando ou alterando palavras, ou, ainda, usando pontuação adequada, a fim de torná-lo mais adequado às convenções da língua escrita.

Veja algumas possibilidades na página a seguir.

## Possibilidade 1

Viviane chegou em casa com um cachorrinho no colo. Correu para o quarto. Mas a mãe viu que havia alguma coisa no colo dela e perguntou:

— O que é isso?

## Possibilidade 2

Quando Viviane chegou em casa com um cachorrinho no colo, correu para o quarto. Mas a mãe viu que havia alguma coisa embaixo da blusa da menina e perguntou:

— O que é isso?

## Possibilidade 3

Viviane chegou em casa com um cachorrinho no colo. Correu para o quarto. Quando a mãe viu que a filha carregava alguma coisa embaixo do casaco, perguntou:

— O que é isso?

Agora, tente reescrever o texto de outro modo.

_____
_____
_____
_____
_____
_____
_____
_____
_____
_____
_____
_____
_____
_____

## Atividade

O texto a seguir, que reconta uma história bastante conhecida, foi escrito por um aluno do 4º ano. Além de ter vários elementos próprios da língua falada, o texto não segue algumas convenções da língua escrita. Reescreva-o no caderno, buscando adequá-lo a essas convenções.

> Era uma vez uma menina chamada chapeuzinho vermelho e a sua mãe que chamava Maria.
> Chapeuzinho vermelho estava apanhando flores sua mãe chamou
> Chapeuzinho vermelho o que é mamãe vai levar doces à vovozinha está bom mamãe mais não vá pelo caminho da floresta chapeuzinho vermelho vai pelo caminho do riu está bom mamãe mais como chapeuzinho vermelho era muito sapeca foi pelo caminho da floresta e la encontrou o lobo mau ele fingiuse que ele machucou a perna ele enguliu a menina e a vovozinha depois os casadores mataram o lobo mau e tirou a vovozinha e a menina eles ficaram muito agradecidos.

# 8 AMPLIAÇÃO DOS FATOS

Ao escrever um texto, devemos transmitir as informações da maneira mais precisa possível. Leia estas frases:

> Carlos entrou no apartamento. Encontrou Luís, sorriu e o abraçou.

Esse texto pode ser ampliado para que o leitor possa acompanhar a personagem Carlos mais de perto, assim como suas ações. Pode-se conseguir isso informando ao leitor:

a) onde aconteceu a ação;
b) como aconteceu;
c) quando aconteceu;
d) como era o lugar onde a ação ocorreu e quais pessoas estavam lá.

Veja a seguir uma possibilidade de ampliação.

> Depois de um dia de trabalho, Carlos entrou no pequeno apartamento da Rua da Praia. Lá encontrou Luís, amigo de velha data. Sorriu. Abraçou-o com entusiasmo e saudade.

## Atividade

Reescreva o texto a seguir no caderno, informando onde, quando e como aconteceram os fatos e como eram as pessoas e o lugar.

> Joana estava correndo, quando tropeçou numa pedra e caiu. Rasgou o uniforme. Ralou os joelhos e os cotovelos. Além disso, sua mochila voou longe. Nesse momento, apareceu um menino de bicicleta e passou por cima da sua mochila.
> A menina começou a gritar e a chorar. Passou uma senhora que a consolou.
> Joana deu um sorriso, despediu-se e agradeceu.